문학과지성 시인선 353

키스

강정 시집

문학과지성사

문학과지성사에서 펴낸 강정의 시집

처형극장(1996)

문학과지성 시인선 353
키스

초판 1쇄 발행 2008년 10월 17일
초판 7쇄 발행 2025년 2월 7일

지 은 이 강정
펴 낸 이 이광호
펴 낸 곳 ㈜문학과지성사
등록번호 제1993-000098호
주   소 04034 서울 마포구 잔다리로7길 18(서교동 377-20)
전   화 02)338-7224
팩   스 02)323-4180(편집) 02)338-7221(영업)
전자우편 moonji@moonji.com
홈페이지 www.moonji.com

ⓒ 강정, 2008. Printed in Seoul, Korea

ISBN 978-89-320-1895-9 03810

이 책의 판권은 지은이와 ㈜문학과지성사에 있습니다.
양측의 서면 동의 없는 무단 전재 및 복제를 금합니다.

지은이는 2008년 한국문화예술위원회가 지원한 창작지원금을 수혜했습니다.

문학과지성 시인선 353
키스

강정

2008

나는 우연히 모든 것이 완벽해지길 꿈꾼다
— 장 뤽 고다르

시인의 말

터진 입술로 되뇌던 건기의 나날들.
침묵에도 피가 고여 있다.

2008년 9월
강정

키스

차례

시인의 말

제1부 죽은 몸에 白夜가 흐르고

死後의 바람　11
죽은 몸에 白夜가 흐르고　12
키스　16
키스　18
번개를 깨물고　20
안녕　23
자멸의 사랑　26
사실, 사랑은…　28
길 위의 구멍　32
급정거한 바퀴에 대한 단상　35
노래　38
아픔　39
이사　40
몸 안의 음악　42
마술사의 아이　44
오래된 그림이 있는 텅 빈 식탁　48
영화　50
물빛이 저 세상의 얼굴처럼 느리게 환해질 때　53

日沒 54
낯선 짐승의 시간 55
암소와의 첫사랑 58
밤의 동물원 60

제2부 카메라, 키메라

불탄 방 65
불탄 방 66
카메라, 키메라 68
등에 가시 71
풍경 속의 비명 73
그녀라는 커다란 숨구멍, 혹은 시선의 감옥 79
아침의 시작 84
고등어 연인 86
나비 떼가 떠 있는 방 88
한낮, 정사는 푸르러 90
티브이 시저caesar 93
달빛을 받는 체위 96
텔레비전 99
뗄레미젼 100
반지의 전설 102
침입자 104
코끼리 간다 108
무덤이 떠올라 별이 되니 세상은 한참이나 적막하더라 111
血便을 보며 114

밤의 확장 116
스무 살 119
死後의 바람 120

해설 | 애무의 윤리 · 조연정 121

제1부
죽은 몸에 白夜가 흐르고

死後의 바람

오래전 한 편의 詩가 끝나고 바람이 불었다
사람들이 짐승의 거죽을 뒤집어쓴 채 민둥산의 태양을 끌어내렸다

불타는 시간들은 그대로 숲이 된다
인간이 인간 바깥으로 떠돌아 짐승의 마음을 허공에 쓴다

죽은 몸에 白夜가 흐르고

   1

하얀 밤
구름 조각들이 검은 연기를 뿜는다
검은 새가
검은 새의 그림자를 마시며 다가온다
지하의 유골들이
녹은 살점들로 흩어져 떠돈다
흙으로 빚은 거대한 물고기를 낳기 위해
꼬리가 맞물린 백만 리의 길 위로
은빛 눈물이 돌이 되어 구른다

   2

석탄처럼 그을은 태양이 꾸벅꾸벅 졸고 있다
천 개의 눈을 炭塵으로 흩날리며
내 몸에 시커먼 깃털이 자라나게 한다

나는 알몸을 펼쳐 수맥이 갇힌
지구의 중심을 덮는다

먼지로 창궐하는 수풀이 온몸에 자라나 있다

   3

말라붙은 창공
불탄 돌들이 四海의 포말로 부서져 날린다
허공 한가운데 거대한 물고기의 아가미가 걸려 있다
태양이 죽은 자리에서
통째로 바스러진
하얀 밤을 들이마시고 있다

4

내게서 사라진 누군가
이 광경을 오래도록 바라보고 있다

오래도록 사라지고 있다

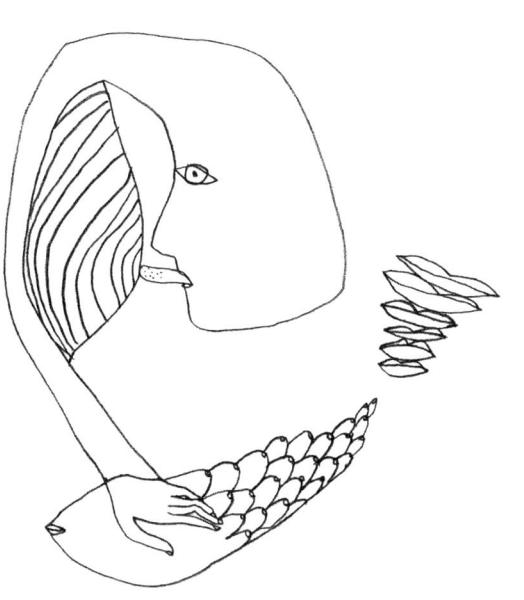

키스

 너는 문을 닫고 키스한다 문은 작지만 문 안의 세상은 넓다 너의 문으로 들어간 나는 너의 심장을 만지고 내 혀가 닿은 문 안의 세상은 뱀의 노정처럼 굴곡진 그림들을 낳는다 내가 인류의 다음 체형에 대해 숙고하는 동안 비는 점점 푸른빛과 노란빛을 섞는다 나무들이 숨은 눈을 뜨는 장면은 오래전에 읽었던 동화가 현실화되는 순간이다 미래는 시간의 이동에 의한 게 아니라 시간의 소멸에 의한 잠정적 결론, 너의 문 안에서 나는 모든 사랑이 체험하는 종말의 예언을 저작한다 너는 내 혀에서 음악과 시의 법칙을 섭취하려 든다 나는 네게서 아름다운 유방의 원형과 심리적 근친상간의 전형성을 확인하려 든다 그러니까 이 키스는 약물중독과 무관한 고도의 유희와 엄밀성의 접촉이다 너의 문은 나의 키스에 의해 열리고 나의 키스에 의해 영원히 닫힌다 나는 너의 마지막 남자다 그러나 네게 나는 최초의 남자다 너의 문 안에서 궁극은 극단의 임사 체험으로 연결된다 흡혈의 미학을 전경화한 너의 덧니엔 관 뚜껑을 닫는 맛,이라는 시어가

씌어졌다 지워진다 살짝 혀를 빼는 순간, 내 혓바닥에 어느 불우한 가족사가 크로키로 그려져 있다

키스

  나는 문을 닫고 너의 몸을 받는다 내 안으로 들어온 너는 사뭇 여장부스러운 근골과 큰 키를 과시한다 뒷굽이 십 센티미터에 달하는 하이힐을 또박또박 디디며 혓바늘 사이를 배회한다 몸 밖으로 빠져나온 네 혀가 나라는 한 세상을 뒤집어 오랫동안 표현하지 못했던 길몽과 흉몽 사이의 아득한 절대치의 추상화를 구상화한다 너는 무용에 어울리는 몸을 가졌다 그러나 나는 건축에 어울리는 몸을 가졌다 그리하여 너는 내 몸이라는 凶家에서 춤추는 무희가 된다 내 혀는 너의 동선을 따라하며 네 가족들의 불편한 심기를 박물화한다 이 키스는 한 아이가 태어나고 죽어가는 과정에 대한 초현실적 리포트다 내 혀를 뒤집으면서 너는 네 인생의 가장 극적인 순간을 탕진한다 나의 문은 너에 의해 닫히고 나의 문밖에서 모든 시간은 풀어진 물감처럼 시계 밖으로 흩어져 사라진다 내 속에서 죽었던 것들이 관 뚜껑을 열듯 내 몸을 열고 문 열린 너의 바깥으로 날아간다 두 겹으로 붙어 네 겹의 문으로 열리는 이 방생의 순간, 네 눈 속에 담겨 있는 짐승은 고대 중국 용봉문화 관련 서적에서 문득 흘려 보았던 오래전 내 얼굴이다 기뻐하라 너는 이제 오래전부터 인류가 꿈꿨던 환상의 미래, 춤추는 龍의 후손을 임신한 것이다

번개를 깨물고

번개가 문지방을 기어 넘어온다
추락한 형이상학의 마지막 형상을 판독하는 밤
갑자기 이가 가렵다
몸 밖으로 뛰쳐나가려는 늙은 神의 마지막 꼬리에 혀를 베인다
사랑의 법칙을 試演하던 밤의 공장이 빠르게 밝아온다
아이를 배지 못한 미래가 문턱에서
생면부지의 음악들을 흘려놓으며 저 홀로 범람한다
입을 열면 문득 새 생명이 과거의 얼굴을 들고 튀어나올 것 같다
나는 아마도 최후의 지구를 최초로 임신한 사내가 된다
깨진 번개가 방바닥에 드러눕는다
이 사소한 우주의 기별을 만지기 위해
나는 오래도록 굶은 것이다
헐 대로 헌 위장이 사뭇 따뜻해진다
잘못 나온 새끼를 도로 삼키는 육식동물의 염결성과

근성을 곧 회복하자
  천둥도 없이 실수로 떨어진 번개가
  내 육체의 회로에 상실된 기억을 주사한다
  깡마른 구름의 이마를 꿰뚫고 내려온
  번개는 만 년 전의 나를 기억한다
  이 차고 뜨거운 손안에서 수천 번 엄마를 바꿨던 적이 있다
  하늘에서 번쩍 갈라진 번개의 크기는
  원근법과 아무 상관없다
  내가 본 그대로의 모습과 크기로
  지구의 틈이 벌어진다
  또 이가 가렵다
  최초거나 최후거나
  나는 분명 처음과 끝을 한 번의 포효로 발설하는 인류의 조상을 임신한 것이다
  번개가 빠져나간 항문,
  내 턱이 지구의 문지방에서 깊게, 출혈 중이다

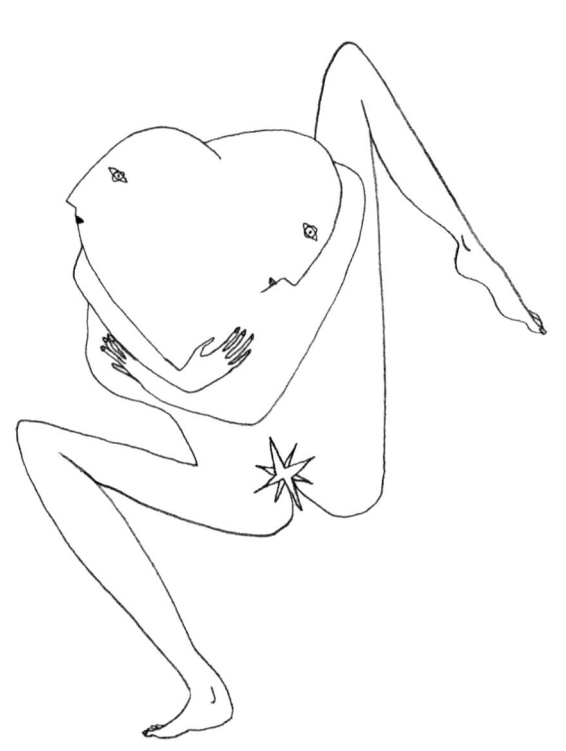

안녕

몸소 비장함을 체현한 노트가 허공에 나부낀다
가을비가 뜨겁다
안녕이라는 한국어는 중성명사다
밤이 온다
낮이 왔다
적멸은 배부르고
와인잔은 오래전에 깨져버렸다
나는 나의 질긴 두통과 결혼하기로 했다
두통은 내가 남자로 태어난 것에 대한 천형
여자들은 두 개의 입으로 날 유혹한다
그때마다 안녕,
하고 발음한다
내 혀는 도토리묵보다 단단하지만,
바위 앞에선 이만큼 부드러운 육질도 드물다
나는 늘 이런 상식에 굴복한다
상식은 궁극의 예술이다
創造는 내 친구 이름이다
미술을 전공한 그는

곧잘 나의 외모가 종잡을 수 없다고 말한다
생물학적으로 남성인 그는
심정적으로는 늘 여성을 지향한다
사랑하지 않는다면
너를 그릴 수 있겠다고 썼던
스무 살의 내가
서른여섯 살의 나보다 더 또렷하다
다시 와인을 따른다
오래전에 깨진 와인잔이
붉은 물길을 연다
오래전에 깨진 것들이
오랫동안 남아 있다면
그건 일종의 원형상징이다
또, 안녕이 왔다
와인잔을 따르니
와인이 넘실거린다
新約을 뜯어 먹던 스무 살의 내가
사전을 뒤적여
'寶血'이란 단어를 흡수한다

이 씁쓰레 달콤한 맛,
내가 단어를 말할 때
단어는 말해지고 싶지 않은 나를 말한다
후자가 결정적이다
안녕이 간다
안녕
그것은 性器가 없다
몸소 비장함을 체현한다
깨진 와인잔이 빈다
빈다는 베인다의 경상도 사투리다
깨진 와인잔이 날 빈다
나는 안녕에 베인다
안녕
그것은 만화에서나 보던
육식식물을 닮았다
나는 몸소 안녕을 체현한다
안녕
이 말에서 풍기는 피비린내가 살갑다

자멸의 사랑

조용히 내 말에서 귀를 거두시오
내 말이 불현듯 낙뢰를 다고 창가에 부서질 때,
그 부서지는 시간의 피톨들이
정녕 당신이 들어야 할 소리인지도 모르오

내 말을 믿지 마시오
차라리 내가 사례들려 헛기침을 하거나
당신이 애써 감추려는 피부의 작은 돌기를 도적마냥 쳐다볼 때면
그제서야 당신은 손톱만큼만 나를 믿어도 괜찮소
나는 거짓을 그리는 우매한 소경이라오

내가 본 것들을 믿지 마시고 내가 그린 것은 더욱 믿지 마시오
당신이 나를 바라볼 때 나는 만 겹의 얼굴 뒤에
불온한 얼룩으로 묻은 시간의 고름일 뿐이오
나를 믿느니 속옷에 묻은 당신의 부끄러운 땀 냄새나 오래 바라보시오

내 얼굴이 문득, 꿈에 본 당신의 속마음으로 읽힌 다면
만 권의 책을 덮고 오래 켜둔 불빛을 잠그시오
어둠 속에서 만개하는 그림들이 지평선을 바꾸는 순간,
당신은 어디에도 없는 나의 유일한 그림자라오

그렇지 않겠소?
어찌해도 당신은 내게 속아 넘어갈 뿐,
대체로 내가 당신을 사랑한다는 사실을 용서하지 마시오

사실, 사랑은…

사실, 로봇이 사람의 춤을 따라한다는 건 쉬운 일이 아니다
그만큼 나는 내 웃음이 가식적이란 걸 안다
입아귀가 찢어질 때마다
마음엔 홍해처럼 쩍쩍 갈라진
나와 나의 그림자가 밤바다의 수평선처럼 닮은 듯, 제각각 흉흉하다
啓示는 종종 어조가 다른 두 번 이상의 동어반복으로 사람 마음에서 엇갈린다
나는 나의 거짓말을 따라하며 진심을 뱉는다
웃고 살자며 바지춤 붙들며 울던 그 시절이 생각난다
사실, 당신이 나를 따라 웃을 때 나는 너를 죽이고 싶었던 것이다
사실, 나의 사실은 거울 안쪽의 어둠을 흉내 내는 일이므로
꽃을 들고 즐거운 척할 때마다 느꼈던
세상이 곧 망할 것 같다는 불길한 징조는
사실, 흔치 않은 吉兆였다

아직도 배우를 꿈꾸며 석 달에 한 번
닐 영이나 톰 웨이츠 등을 틀어놓고
혼자만의 긴 울음을 저작하는 일도
자주 하면 정말로 슬프다
전쟁만큼 흥미로운 픽션도 없지만,
사실을 옮기는 뉴스가 너무 사실임 직하지 않아서
그 사실에 대한 논평 따위가 어이없게 시적으로 들릴 때나
이십 년 이력의 거짓 웃음, 울음이 바꾸어놓은 내 얼굴을 마주할 때마다
세상의 모든 배후는 맨얼굴의 창녀처럼
슬프게 역력하다
나는 그 모든 미완결의 위선들이 갓 만난 연인들의 키스처럼 달콤하다는 걸 안다
나는 입을 열어 칼을 들이밀지만
당신의 눈빛은 촉촉하게 먼 길을 떠나며 내 텅 빈 칼집 속에 독을 섞는다
새로운 연애의 그 치밀한 연기술에 감복하여

나는 또 과거에 폐기된 페이지를 찢듯 입아귀를 찢고
　마음의 빈 터에 당신이라는 안테나를 세운다
　삐걱거리며 작동하는 이 로봇은 알에이치 플러스 비형의 인간 유전자를 고스란히 이전시키며
　당신이라는 또 다른 차원으로 이동한다
　당신이라는 거울 안쪽에서 나라는 허구가 부화한다
　나는 또 그를 연기할 것이지만 그가 도대체 누굴 연기할지는
　이 세계가 감춘 유일한 비밀이다

길 위의 구멍

도로 갓길
오토바이 한 대 멈춰 있고
한 남자 쓰러져 있다
죽었을 거라는 생각이
도로 건너편까지 달려간다
슬몃 벌어진 입 안에 고인 볕은 푸르다
마음이 습자지처럼 이지러지는 봄날이로되
남자의 감은 눈 안에 담긴 빛을
퍼먹고 싶다는 충동이
모든 길을 어지럽힌다
남자는 숨도 안 쉬지만
할딱거리며 달리는 자동차들보다
뭔가 더 급박하다
갈 길이 바쁜 난
내 갈 길이 어디인지 별안간 궁금하다
남자의 감은 눈에 뭔가 반짝인다
그러고 보니
남자의 몸이 서서히 납작해진다

시간을 찍어 누르는 어떤 힘이
남자를 길 위에 못 박았나
길을 꾹꾹 누르며
그 자신 하나의 길이 된다
그걸 바라보며 남자 곁을 떠난다
떠났건만 자꾸
남자 곁에서 납작하게 눌어붙는
내 눈이 내 곁을 떠난다
순식간에 세상이 어둡다
더듬더듬 만지는 공기의 결이 움푹하다
주먹을 쥔다
지나온 모든 길이 즙이 되어 흐른다
그 위로 멈춰 선 오토바이가 헤엄친다
나는 짓밟힌 채로
일생의 모든 습기를 뿌리며
길 복판에 고정된다
나를 밟고 지나는 모든 시선이
촛농처럼 맵고 부드럽다

바람이 불고
남자의 자리에 굳은 핏덩이를
누군가 꽃이라 강이라 이른다
그 소리에 벌떡 일어나 새삼 몸을 더듬는다
내가 나를 간통한 시간이
또 다른 시간을 덮칠 때
아마도 그것을 과거의 모든 사건이라
미래엔 일컬을 것이다

급정거한 바퀴에 대한 단상

나는 오로지 급정거한 바퀴에 대해서만 할 말이 있을 뿐이다
날고 뛰는 짐승들도 바퀴가 멈춰 서는 한순간의 폭음과 공허 속에서야 불현듯,
자기 자신이 더 이상 자기 자신일 수 없다는
명백한 깨달음을 얻는다 나는 오로지
급정거한 바퀴와
바퀴 아래 깔려 일순간 다른 것이 되어버린 공기의 충만한 압력과
그 압력이 만들어놓은 숨 막히는 진공에 대해서만 말한다

천 개의 비명과 좌절과 희망과 울분에 관한 것이든
쉼 없이 반복되면서 자꾸만 시간 밖의 정물이 되어버리는 역사에 관한 것이든
공기의 얕은 틈을 짓누르며 멈춰 선 바퀴가 드러내지 않는 건 없다
푸른 물굽이로 허공의 낙뢰를 호출하는 굉음은

하늘 한가운데 커다란 구멍을 열고 죽은 사람들을 불러 모은다
그들은
납작하게 눌어붙은 이 시간의 정점에서 남다른 이륙을 감행했던
그들 안의 타인들이다

바퀴는 더 이상 구르지 않지만, 일순간 천상의 침묵처럼 강림한
시간의 수렁 속에서 바퀴는
오로지 물고기의 눈을 갖거나 새의 신경을 가진 자들이 지상에 넘쳐나게 한다
바퀴가 짓누르는 땅이 잠겨진 시간의 등을 꾹꾹 두드려
다른 시간을 토할 때 사람들의 입을 열고 나오는 말들은
마침내 침묵의 동선을 따라하며 휘어이휘어이 자유롭다

바퀴는 어쩌면 망가진 시간의 태엽장치인지 모른다

바퀴를 다시 돌리는 힘은 매미울음소리 점멸하는 여름 숲의 짧은 침묵,
그 억센 공허에서 흘러나와
빗소리 똑똑 부러지는 신경마디마다 들러붙어 죽은 몸들을 일깨운다
이 몸이 이미 죽어 있음을 일깨워
창밖의 바람이 언제 적 울음소리였냐고
발칵발칵 얕은 숨을 뱉으며
이미 죽은 몸에 새된, 칼날의 암호를 새겨놓는다
내가 급정거한 바퀴에 대해 말할 수밖에 없는 건
몸에 숨은 칼 빛의 언어들이 내 몸을 벗고
멈춰 선 바퀴와 땅 사이에 짓눌린 침묵을 베어내기 위해서이다
세계의 숨겨진 얼개에 관한 것이 아니라면 내 몸은 이미,
멈춰 선 바퀴처럼 저 세상의 유물일 것이므로

노래

  숨을 뱉다 말고 오래 쉬다 보면 몸 안의 푸른 공기가 보여요
  가끔씩 죽음이 물컹하게 씹힐 때도 있어요
  술 담배를 끊으려고 마세요
  오염투성이 삶을 그대로 뱉으면 전깃줄과 대화할 수도 있어요
  당신이 뜯어 먹은 책들이 통째로 나무로 변해
  한 호흡에 하늘까지 뻗어갈지도 몰라요
  아, 사랑에 빠지셨다구요?
  그렇다면 더더욱 살려고 하지 마세요
  숨이 턱턱 막히고 괄약근이 딴딴해지는 건
  당신의 사랑이 몸 안에서 늙은 기생충들을 잡아먹고 있기 때문이에요
  그저 깃발처럼,
  바람 없이도 저 혼자 춤추는 무국적의 백기처럼,
  그럼요 그저 쉬세요 즐거워 죽을 수 있도록

아픔

계절을 잊은 눈비가
땀구멍마다 들어찬다
몸 안에 잠자던 운석이 눈을 뜬다
목탁 구멍 같은 뼈마디 사이로
이승이 밀려나간다
구름들의 뒤 통로에
짓다 만 집 한 채 스스로 불탄다
마지막 입술이 한참 동안 떨린다
나부끼는 災
누군가 텅 빈 문을 열고
타다 남은 햇살을 주워담는다
뜻 없이 불러본 이름들이 마음보다 길게 늘어서
지나온 이승에서 즐겁게 눈물겹다
보이는 것들은 다 보이지 않는 것들이 된다
부를 수 없는 것들이 어느덧 새 이름을 얻는다
계절이 빠르게 바뀐다
숨을 쉬니 한 세상이 저만치
다른 상처에 다 닿았다

이사

불이 다 식고 난 뒤의 화덕처럼
나는 고독하다고,
뜻 없이 마음 없이 말했다
그랬는데,
공기 중에 없는 말들이 길게 늘어서
하늘의 둔부를 가리고
납골묘지의 들머리처럼
텅 비어 있는 벽장 속엔
오래 잠이 모자란
내 지난한 허구의 주인공들이
낯선 공기의 주둥이에
처진 젖을 물리고 있다
새로 마주한 베란다 앞 묘목들의 성긴 웃음을
저 혼자 부풀던 우주 하나가 몰락하는 소리로 바꿔 듣는 데에는
약간의 신경증적인 자기방기면 충분하다
먼지투성이가 된 입 끝에선
무슨 말을 해도 곰팡내가 날 뿐이지만

낯설어진 몸 안으로 스며온 봄은
전 생애를 통과해나간 기억보다 밝고 길어
아무리 집을 옮겨 살아도
내가 나를 만날 일은 요원하기만 하다
내가 처음 보는 풍경들은 언제나
내가 처음 만든 풍경들일 터이나
生時 전의 눅눅하게 물 찬 그림이
걸레질 끝난 창밖에 액자처럼 떠오르는 광경을
詩라고 부르려니
식어빠진 내 육체의 화덕이 푸슬푸슬 비웃는 소리가
봄밤의 질긴 불면보다 정겹게 허망하다
누군가의 빈자리로 넘실대는 방 구석구석을 덧대어
잇는
이 습과성 사기비하에
이 작은 집이 만화처럼 들썩거리기만 한다면
나는 또 웃을 수 있겠지만
노을빛으로 산산이 쪼개지는 웃음은
황혼 저편의 별자리처럼 욱신욱신
내 몸에서 너무 멀다

몸 안의 음악

눈비 섞여 눅눅한 방
보일러 꺼진 냉골에 앉아
창가에 번지는 당신의 얼굴을 더듬습니다
이 순간 나는
전 생애를 걸고 최대한 궁상맞습니다
누군가 내 몸에 정확히 칼을 던졌는데
그저 공기만을 싸늘히 가르고
피 한 방울 없이 내 몸을 통과한다고 해도
더는 놀랄 게 없습니다
우둑우둑 소리만 찬연한 늑골을 쓰다듬으며
이상하게도 성한 몸을
성하지 않은 생각들로 흠뻑 적실 뿐입니다
몸을 움직이면 관절들이 헛돌아
그들이 하는 말을 새삼 은은한 음악인 양 곱씹으며
몸 안에서 몸 밖으로 빠져나간
수많은 사람들의 때늦은 기별을 듣습니다
그들의 세상 속에도 여전히 나는 살아 있겠지만
내 몸을 향해 날아오던 칼날의 푸르른 눈빛을

내 몸에서 떼어낸 내 마지막 눈물이라고 기억할 당신은

당최 살아는 계신 건가요?

가을이 지나고 나니 온통 풍이 든 세상

짓밟힌 낙엽들 틈에서 바스락거리는 음악 소리에

핏방울 몇 점 낡은 전류처럼 찌릿찌릿 흐를 뿐입니다

얼쑤얼쑤 병들었네 혼자 지분대고 까불면서

마술사의 아이

1

마술사 부부 사이에서 한 아이가 태어났다
마술사 부부는 아이의 고추를 잘라
옷장 깊숙이 숨겨두었다
그날 이후 마술사 부부는 비둘기 마술을 하지 않았다
아이는 열 살이 되자
빈손에서 비둘기를 꺼내거나
팔다리를 묶은 채 상자 속에 들어갔다가
상자 밖에서 나타나는 마술 따위를 익혔다
스무 살이 되자 아이는 자신의 마술을 개발하기 시작했다
사지를 각각 떼어내 따로 놀게 하는 건
부모도 하지 못한 대단한 마술이었다
몸에서 떨어져 나간 팔이나 다리들이
객석에 뛰어들어 마음대로 돌아다닐 때면
무대에서 아이의 모습은 보이지 않았다
떨어진 팔다리들이 그대로 사람이 되어

객석에 섞여 앉았다
그 순간 세상 전부가 아이의 마술이었다
세상 전부가 그의 마술이 되자 아이는 외로웠다
아이는 사람들이 자신의 마술에 열광하면 할수록
사람들이 더 이상 마술에 속지 않는다는 걸 알았다
마술이 속이는 건 마술뿐이었고
마술사에게 속는 건 마술사뿐이었다
아이는 무대에서 떼어낸 자신의 몸들이
다시 돌아오지 않는다는 걸 알았다
아이는 자신에게서 없어진 몸들이 그리웠다
빈손에서 새하얗게 걸어 나오던 비둘기들은
온통 마술로 변한 세상 귀퉁이 낡은 공원에서 흙이
나 쪼아 먹으며
점점 검은색으로 변해갔다
마술의 세상에서 마술사 아이는 더 이상 보이지 않
았다

2

아이는 마술사의 아이였다
아이가 마술을 포기하자
아이에게서 떠났던 몸들이 제자리로 돌아왔다
팔 둘 다리 둘 머리 하나 입 하나 코 하나 눈 귀 각각 둘
아이는 다른 사람과 다를 게 전혀 없는 사람일 뿐이었다
마술사가 사람과 다를 바 없으니
마술은 이제 오래전의 풍문에 지나지 않았다
아이는 풍문 속에 잠겨버린 자신의 출생 이전으로 날아갔다
그리고 다시, 한 아이가 태어났다
부모는 아이의 고추를 잘라
옷장 깊숙이 숨겨두었다
검은 비둘기들이 흰옷을 갈아입고
퍼득퍼득 꿈꾸기 시작했다

아이는 자신이 알던 세상이 옷장에 갇혀
매번 새로운 옷으로 갈아입은 채
점점 이 세상과 멀어진다는 걸 알았다
마술이 사라진 세상
마술사들만 세상의 미끄덩한 표면 위에서
허깨비처럼 놀고 있었다

오래된 그림이 있는 텅 빈 식탁

 벽에 걸린 그림 속에 둥글게 휜 다리가 있고 그 위를 걷다가 문득 우산을 펼쳐 드는 사내 하나 반대편 벽 깊숙이 향해 있는 숲길을 되짚어 사내에게로 다가오는 여자 하나 바라보는 시간이 오래될수록 사람은 마치 길 위에 길게 드러누운 죽은 나무 같고 부러진 등걸 주위에 핀 버섯들이 사람처럼 보일 때 우리는 오래 떠들던 입을 다물고 혀끝에서 소리 없이 지워진 단어들을 식도 깊숙이 감추며 진짜 서로가 생각하고 있던 것들에 대해 동공을 텅 비운 채 사심 없는 짐승처럼 열어 보이는 것이었다

 벽에 걸린 그림 속에 당신을 보는 내가 둥글게 휜 다리 위를 서성이고 창밖 태양과는 상반된 표정으로 비는 그림 위에 얼룩을 남기고 얼룩 속을 한참 바라보던 당신은 내가 어느덧 다리를 다 건너 당신이 걸어 나온 숲길 안쪽으로 사라지는 모습을 바람 속에 띄운 미소처럼 여기는 듯하지만 오래지 않아 비는 그치고 우산을 고이 접어 젓가락처럼 숲길을 콕콕 찍으

며 내 그림자를 시식하는 당신은 조만간 버섯들의 먹이가 될 터, 정작 그림 바깥으로 사라진 건 내가 아니고 그렇다고 당신도 아니었다

  그림 바깥으로 나오니 다시 햇빛,
  다섯 시간 동안 내리지 않은 비
  여전히 주린 눈빛의 앳되고 착한 짐승 두 마리
  만발하는 버섯의 차가운 毒!

영화

  (여자는 기억이 없다 여자는 기억 바깥으로 내달리며 가위질만 일삼는다
  시인이 등장한다
  여자는 시인의 누이
  시인은 여자의 차가운 발에 입김을 분다
  영락한 새들이 떨어져 내린다 푸른 불꽃, 가위가 검붉게 타오른다)

  오, 내 사랑의 무정부주의

  (시인은 여자가 내몬 기억의 눅눅한 습지를 기어왔다
  이 여자,
  내 모태의 붉은 흙,
  하혈하는 어머니, 젖은 땅,
  시인의 푸른 입김으로 여자는 제 몸의 딱딱한 소리들을 적신다
  시인이 울 때, 여자는 시인의 눈물을 받아 마신다)

이 미친 고열환자들아!

(내 속에서 무언가가 소리친다
더 미친 남자들이 등장한다
여자의 허름한 음핵에 총부리를 박고 매장된 돈다발을 퍼 올린다
남자들이 여자의 식도를 거슬러 키스하는 시인의 입술을 뽑는다)

사랑은 이 生 다음에!

(내 안에서 또 누가 소리친다)

모든 게 사라지고 심장의 박동이 불길로 번져
붉은 언어의 재들이 나부낀 다음에,

(나는 입을 다문다 소리는 그러나 나의 핏줄이다

여자는 다시 가위질을 시작한다
내 혀가 잘리고,
망막의 푸른 통로가 잘리고,
귓불의 도톰한 연륜이 잘린다
토성의 띠처럼 창궐하는 여자의 한마디,)

그는,
또는 당신은
착한 사람이에요

(모두가 떠난 벌판,
기차가 지나간다
붕대를 동여맨 시인, 그 안에 비친 내 모습
 그 둘을 연결하는 밧줄 같은 기차의 부드러운 나선을 응시한다
 다만, 바라다보고 있을 뿐이다. 서로의 뽑힌 눈을 빌려)

물빛이 저 세상의 얼굴처럼 느리게 환해질 때

 푸르디푸른 물가가 거짓말처럼 투명하다
 말하고 있는 내 입이 도통 민망해
 몸속의 물들이 제각각 흩어지는 방향을 눈 밖에서 떠본다
 하늘은 새 그림자를 문신처럼 박은 채
 길게 입 다물고 있다
 다시 다가오는 저녁은 푸름을 지나 이미 저 세상에 닿아 있다
 나는 오래 가둬두었던 단어 하나를 꺼내어
 물빛을 바꾸려고 한다
 건너편 河岸에 낚싯대를 드리운 사내들은
 금시초문의 사투리로 물고기들을 쫓는다
 물 이편으로 넘어오는 시간에 문득 금가루가 튄다
 뭄 넘어가는 해가 먼지에 불과했다는 걸 알았을 땐
 이미 온몸이 물속에 잠겨 있는 순간이었다
 내뱉는 거품 한 방울이 물 전체로 번진다
 나는 비로소 물길 바깥으로
 모래와 함께 쓸려나가는 詩의 맨머리에 입을 맞추었다

日沒

   방금 새가 떠난 자리를 보면 새가 더 분명하다
   새가 떠난 자리에 들어앉아 새의 꿈을 꾼다
   손바닥만 한 새가 하늘을 가릴 수 있다는 사실에 새삼 탄복하며
   새처럼 웅크려 점점 멀어지는 그림자를 내려다본다
   새의 그림자에 가려진 세상은 거대한 알 같다
   해질녘,
   무언가가 떠난 자리에 가만히 앉아 있다는 것
   사라진 새의 가슴에서 투하된 당신의 꿈이 세상에 못 미쳐
   자멸할 수밖에 없다는 것
   세상이 전쟁으로 충만한 이유이다

낯선 짐승의 시간

 냄새로 사물을 식별하는 건 비단 네발짐승의 장기만이 아니다
 지워진 너의 냄새가 사방 분분한 낙엽의 마지막 숨결에서 배어 나온다
 이 친밀도 높은 인분의 기척을 나는 인간에 대한
 또 다른 전망으로 읽는다
 인간이 사랑을 멈추지 않는 까닭은
 이미 퇴화한 감각에 대한 질긴 향수 때문이다

 기억에서 지워진 사람을 다시 지우려는 욕구 탓인지
 휴일엔 동물원이나 유원지 따위가 문전성시다
 몸이 쉬는 날 치고
 마음이 아프지 않은 적이 내게는 없다

 끝을 모르는 짐승의 고요한 낮잠을 읽으며 음악을 들으면
 허공에 박물관 도록처럼 펼쳐지는 이미 멸종한 생물들의 연대기

이별은 그러니까 내가 고기를 먹는 날이다
소위 인간보다 저능한 것들의 살을 씹으며
인간이기를 방면하려고 애쓰는 건
내 몸 안에서 죽지 않은 누군가의 심장이 짐짓 예술적으로 교태를 부리며
이 몸 바깥의 어떤 사물을 만지려 하기 때문이다

고기를 먹고 나서 거울을 보고
거울에 담긴 서글픈 육식동물의 눈알을 탐하며
지구 멸망의 마지막 스위치를 내리듯 수음에 몰두한다
그 순간 머릿속은 너무도 시적으로 파악해버린 현대물리학 이론의 집성장이다
시와 초가 분방하게 경계를 넘으며 한 평 반 남짓 화장실 공간이
수천만 人馬가 살상된 채 까마귀 떼를 호리는
저 먼 당송 시대쯤의 격전장으로 변한다

마지막 한 방울까지 토해내면 나는 인간의 정념 바깥으로 나갈 수 있을까
　시공 곡률의 첨단을 제멋대로 해체하려 드는 이 미련한 전념을
　측은하게 바라보는 누군가가 있다
　황망해진 마음을 후다닥 감추려
　짐짓 다른 표정을 바꿔 쓰며 코를 씽긋거리는 이 몸이
　어느덧 벌써 다른 짐승의 육체,
　고기 냄새를 풍기고 온 날이면 어김없이
　내 손길을 피하는 안방 고양이의 새침한 눈알 속이다
　이제야 알겠다
　살을 부빈 시간이 많을수록 네가 내가 되고 나는 그 어디에도 안 보이는 바람이 되어버리던 까닭을

암소와의 첫사랑

녹슨 바다로 떠나겠다고 다짐하던 밤
오래진 실딘 집이 무너져 내리는 꿈을 꿨다
소스라쳐 달아난 곳은 영락없는 시골의 논밭 길
어린 흑염소가 나를 형이라 부르는 기억의 어느 까만 지점,
신의 면상이 낮은 구름 아래 수증기처럼 떠 있었다
폭언을 일삼던 대처승의 불경 외는 소리가
七픕界의 가장 높은 곳에서 대지 끝을 붙들고 있었다
내뱉는 말들마다 바위를 움직이는 큰 힘을 작동했다
가족들이 밥을 먹는 동안
또 다른 가족을 만들려고 집을 떠났다
목이 마를 때면 올려다본 마음이라는 첨탑엔 우윳빛 愛液이 넘실거렸다
질질 흘러내린 고통이 새하얀 공포로 떠올랐다
별들이 빛살을 벼려 여행자의 방향을 찢는 동안
길고 긴 밤의 머리카락에 딸려온 새벽은
흠씬 두들겨 맞은 늙은 암소의 살점 맛이었다
맨머리에 들러붙는 저승의 공기를 해독하는 덴

몸 바닥에 침전된 소리의 그림자로 충분했다
가족들의 그릇된 이해 속에서 나는
거짓된 풍요와 아름다운 오해를 만발하며
흑염소의 형 노릇에 충실했다
바뀐 가족의 면상들이 발길 끝마다 작은 돌멩이로 굴렀다
늙은 대처승의 음색을 따라하니
검은 나무에서 착한 소들이 걸어 나왔다
달빛을 머금은 어른 곰이 인도하는 몸 안의 저승길,
밤새 胎氣가 산만하니
암소를 만나 곰의 자식을 낳는 망상이
별들의 포석을 바꿨다
무너져 내린 옛날 집에서 지구를 반 바퀴 돈 울음이
새로운 식탁을 차렸다
내 몸을 후려 비로소 내 아내가 된 암소의 젖을 빨며
오래도록 바닥이 되어 끊이지 않는 빗줄기를 몸에 담았다
우윳빛 나는,
뜨겁고 끈적한 암소의 눈물이었다

밤의 동물원

안개가 오래전 하늘을 끌어내린다
성층권의 가장 낮은 언저리에서
밀린 꿈으로부터 방생된 뱀들이 한 올 한 올 시간을 똬리 틀고 있다
그는 말이 없는 사람이었지만,
뱀들이 스삭스삭 지워내는 햇볕 아래
그가 삼킨 문장들이 흙빛을 바꾼다
길의 끝으로 흘러 사라지는 하늘은 죽음을 목전에 둔 자의 침묵을 보여준다
눈먼 코끼리들이 귀를 펄럭이며 그의 임종을 알리고
사람들은 어느 날 아침 지워진 길 위에서
엉성한 소문들을 저작해낸다
뱀은 참 비위가 좋은 생물이다
흙을 삼켜 벗겨낸 시간의 층계에서 누군가 실족해도
땅의 바닥으로 한없이 내려가는 하늘을 향해
길게 혀를 내밀 뿐이다
코끼리들은 등짝에 얹히는 구름들을 향해 코를 내지른다

뭔가 부적절한 멍에에 사로잡히기라도 한 듯
코끼리들의 걸음을 방해하는 뱀들의 함성엔
지난 세상이 감히 써내지 못했던
귀 먼 동요가 담겨 있다
그는 아마도 씌어지지 않은 오래전 꿈 얘길 하느라
스스로 혀를 삼켰을 것이다
코끼리들의 귀가 철썩철썩 내려앉은 하늘에 접힌다
놀란 뱀들이 다시 똬리를 틀어 또 하나의 시간을
봉한다
그가 사라진 곳에 어느 날 거대한 동물원이 들어서
말 못할 자들의 고통을 진열해놓을 것이다
코끼리는 달리고
뱀은 잠든다
안개에 가려 사라진 짐승들의 그림자를 살피며
내가 본 것들을 뱀이라 코끼리라 이르는 이 과오는
적어도 내가 그를 이해하려는 최소한의 노력일 뿐,
그가 사라진 동물원이 밤새
숨죽인 울음들로 환하다

제2부
카메라, 키메라

불탄 방
──너의 사진

방 안에서 문득 꺼내본 당신의 얼굴이 젖어 있다
머뭇거리던 당신의 마음이 한순간 멎는다
불빛이 죽은 먼지처럼 이글거린다
벽면을 바라보던 눈알이 허공에 포물선을 그리며
금싸라기처럼 만개한다
내 몸과 공간 사이에 경계가 사라진다
나와 당신 사이에
나와 당신과 무관한
또 다른 인격이 형성된다
사랑이란 하나의 소실점 속에 전 생애를 태워
한꺼번에 사라지는 일
이 우주에 더 이상 밀월은 없다

불탄 방
── 네가 없는 사진

허공은 온통 수백 개의 시선들로 진동한다
아무것도 원하지 않는 자의
아무것도 바라보지 않는 눈빛들
흰 벽에서 흘러내리는 등빛 아래
노란 물결 같은 외계가 출렁거리며 떠 있다
천만 배의 눈으로 치켜뜬 먼지 속의
새하얀 허공
나와 당신은 서로의 무심함을 빌려
태양 아래 쪼개진 빛들의
정처를 밝힌다
당신의 살을 더듬는 내 눈에 초점이 없다
내 속으로 들어온 당신의 마음에
아무것도 태워보지 못한 유황 냄새 가득하다
내 작은 방에서 탄생하고 소멸하는 빛들의
온순한 결박을 해체하는 것
나는 전 생애를 거슬러 당신이라는 불을 훔친다
 빛의 반대 방향으로 치솟아 달아나는 당신의 몸이 아니라면
 내 焚身은 이토록 지구에 해롭다

카메라, 키메라

 우스운 일이지만,
 나는 카메라 한 대로 모든 시간을 포획하려는 꿈을 아직 버리지 못한다
 당신의 얼굴을 담으려다가
 두 개의 망막을 거쳐 내 심장에 가설된 집에는
 당신이 떠난 자리만 휑뎅그렁 살아 있는 나보다
 더 크고 살갑다
 대개 과장법이 잘 통하는 나의 카메라는
 사람 여자의 몸에 공룡 머리를 얹은 모습으로
 당신을 기억한다
 당신은 내 기억보다 훨씬 먼 시간의 지층 아래
 흙과 나무의 처소로
 봄마다 아름답게 환생하지만
 당신이 꾸역꾸역 이 세상의 멸망을 앞당기며
 미래의 생을 즐기는 동안,
 찍으면 찍을수록 공기의 보이지 않는 결만 지문처럼 분명해지는
 카메라를 들고 나는

당신의 길고 긴 꼬리를 좇아
백 권의 책을 불 싸지르고
소리쳐도 뱉어지지 않는
몸 안의 검은 옹이들을 하복부로 몰아넣으며
당신이 한사코 거절해버린
귀여운 벌레들의 미래 도시를 상상임신한다
인간의 밥보다는
인간이 뱉어낸 찌끼들과
꽃들에게 짓찢긴 마음의 분방한 운동보다는
몸 밖으로 빠져나온 상처의 분비물들에
순정이 동하는 나의 카메라는
내가 이번 생에 쟁취한 유일한 전리품
사람 여자의 몸을 내던진 당신이
 살금살금 뒷물 흘리며 봄의 훈향을 대륙의 모래먼지로 뒤바꾼다 한들
 어떤 한계를 넘어서려는 듯
 제 속의 사악한 것을 토하려는 듯
 낮게 찰랑거리는 허공에서

낯선 풍경으로 상영되는 내 마음의 돌연한 사건들이
지난한 욕정의 형식을 試演하는 걸 막을 순 없다
봄이면 귀환하는 먼 미래의 악취 속에서
나는 이미
당신이 찍어놓은 과거의 얼굴들이기 때문이다

등에 가시
—김소연에게

햇살이 빗나간 남자의 등엔 가시가 스물네 개
닫힌 눈꺼풀 위로 내려앉는 눈의 속도는
덜 여문 거짓말 한 덩이가 어는 시간과 통했다
폭설에 파묻힌 하루가 저승까지 흘러
남자는 출생 이전의 자신과 만나 또 다른 아이들을 낳는다
가시 끝에 맺힌 한 방울의 시간 속에서
여자는 멍울 돋은 가슴을 주물럭대며
몸 안에 덩어리진 아이의 울음을 쪼개
남자의 가시를 뽑는다
한 땀 한 땀 피톨을 들어낼 때마다
해의 장막을 뜯으며 쏟아지는 눈의 빛깔이 요란하다

이끼를 털어내는 하늘의 점막들로 세상은 더더욱 밝다
햇살이 다시 비껴 남자가 푸른 울음 토하니
세상을 수식하는 낱말들이 낮별처럼 흐리다

여자는 남자의 가시로 허공에 뜬 별들의 잔영을 깁는다
햇살 속에 밤을 섞어
천 개의 하루를 한꺼번에 무너뜨리며
남자의 구멍 난 척추를 녹아내리게 한다
몸 안에서 녹은 아이 울음이 허공을 速記하고
가시 꽂힌 별들은 여자의 마른 동공을 찔러
이제, 피가 세상을 보리다
흰 피의 세상을 보리다

풍경 속의 비명

1

눈이 뜸한 겨울 아침
나는 세계의 배면에 렌즈를 들이댄다
셔터에 댄 손끝이 읽다 만 책장처럼 부스스 떤다
남태평양의 지층이 흔들린다는 소식이다
나는 밤새 잠든 형제의 목을 뜯어 먹으며
어린 시절의 엄마를 다른 시간 속에 저장해두었다
먼 바다가 뒤척이는 건 내 마음이 이미 지구 밑동을 서성대며
세상의 모든 풍경을 바꾸려 했기 때문이다

2

눈을 내던진 창가에
마른 나뭇가지들이 바람의 다음 순간을 적시한다
손끝까지 뻗쳐 나온 동공이 훑어내리는 풍경들은

이 생 안에 감춰진 다른 순간들을 빠르게 예견하고 사라진다
지금과 이후 사이의 긴 비명을 기록하는 손가락 마디에 낯선 꽃이 결빙된다
나는 밤새 형제의 목을 꺾어 긴 밤의 자양분으로 섭취했다
남쪽 나라 태양 빛에서 송출된 핏줄이 건넌방의 브라운관에서 죽음의 몸짓을 재연한다
눈꺼풀에 머문 마지막 잠이 四海를 돌고 돌아 창밖에 고정된다

3

나는 항문을 조이며 셔터를 누른다
헐거운 내장들이 급류에 휩쓸린 산호처럼 떠다닌다
더 이상 시야에서 수평 아래의 풍경들에 대한 내밀한 추측을 포기하리라

내 배 속엔 밤새 뜯어 먹은 형제의 목이 저장돼 있다
형제는 오래도록 비명을 질렀다 삼키며 오장육부 곳곳으로 번져
내 사지를 땅 밑까지 끌고 내려갔다
어제의 그림자와 내일의 그림자 사이에 푸른 이끼들이 피어났다
오늘의 한복판에 수천 년 속살을 뒤집은 바다가
눈두덩을 스치며 렌즈의 중앙에 떠 있다
항문 밖으로 갓 자란 물고기 떼가 급속히 방류된다

   4

먹다 남은 형제의 목이 입 밖으로 빠져나온다
눈 끝에서 떠돌던 비명들이 창밖에 성에로 낀다
깊이 들어갈수록 흐릿해지는 이 풍경들은
지구가 아직 바다 속에서의 진화를 마치지 못했다는 증거이다

밤과 새벽 사이 꿈의 지류를 멀리 거슬러 나는
잠든 형제의 죽은 시간을 屍姦하고 남태평양의 오랜 동요를 부추겼다
모두 어제의 일이지만
잠에서 갓 깨어난 사람들에게 모든 악몽은 미래의 사건으로 기억된다

5

간밤 뜨거운 광풍이 북상하여 세상을 하얗게 지운다
먹은 걸 되뱉듯 지난밤의 亂世를 하나의 소실점에 몰아넣는다
형제의 잘린 목이 아무 일도 없었다는 듯
급작스런 설경 안에 붉고 푸른 물고기들을 매단 채 老木처럼 꼿꼿하다
오래 잠들어 있던 엄마가 우지끈 몸을 일으켜 형제의 열매를 딴다

이 모든 게 단 한순간의 사건,
손끝은 여전히 떨리고
눈 밑에서 출렁이는 바다가 또 다른 인간들을 사냥하려 폭포처럼 낙하한다

6

밤새 참았던 비명을 지르며 셔터를 누른다
렌즈 바깥으로 검붉은 바닷물이 쏟아진다
어린 시절의 엄마가 지나는 자리마다 섬을 만들며
더 하얀 세상으로 미끄러져 사라진다
찍혀 나온 풍경들은 하나같이 속을 비운 채 흔들리는 나뭇가지의 속삭임을 훑는다
모든 표적의 한가운데가 이렇듯 텅 비어 있다
텅 빈 채로 오래도록 비명의 긴 나선만 더 아래로 더 아래로 잡아당긴다

7

　목전에서 사라진 시간이 언제쯤 내 모가지를 바다 한가운데 띄울 것인가
　만방으로 퍼진 핏줄을 먼 나라 이른 새벽 브라운관에 헛것의 죽음으로 인화할 것인가

그녀라는 커다란 숨구멍, 혹은 시선의 감옥

1

그녀를 사랑하기 위해선 그녀의 일부를 내 안에 결박해야 한다
만 명의 남자가 입을 댔던 그녀 유방 앞에서
만 명 중의 하나가 되는 일은
만 명의 그녀를 다시 태어나게 하는 일
그녀라는 허구의 몸통 안에서
온몸을 친친 감고 나는 그녀의 바깥이 세상에 존재하지 않는다고 믿는다

2

이 순간, 생의 밀도는 고온 보관한 우유처럼 싱싱하게 썩는다
시간은 그녀 속에 스며든 외계의 물질
최대한 운신을 좁혀 그녀를 카메라에 담는다

그녀라는 존재는 내 파인더에 밀집된 검붉은 돌기와 미끈한 점액 밀고 이 세상에 없다
나는 없는 그녀의 유일한 물증을 고물고물 씹으며 땀과 피를 섞어 그녀의 밀도 높은 毛孔을 점묘한다
온몸을 쥐어짜 그녀라는 거짓말을 토하는 셈이다

   3

만물의 리듬을 체득하기 위해선
그녀 입술 끝에 매달린 작은 침방울을 오래 핥아야 한다
온몸으로 떠는 그녀를 따라 지평선이 출렁거린다
내 몸의 첨단이 매달려 있는 건 한 여자의 몸이 아니라
내 입술이 기억하는 어느 깊고 축축한 허공일 뿐,
그녀의 작은 구멍이 천체의 지도를 펼치는 순간을 나는 알고 있다

4

  티브이에 비친 어떤 영상에서도 나는 그녀를 만난다
  내가 아는 그녀는 만인을 유혹하는 교태 따위 잊은 지 오래지만,
  내 살 속에 담겨 있는 그녀는 무시로 변하는 내 얼굴의 미세한 균열들을 알고 있다
  내 피부는 그녀라는 껍질 속에서 뱀과 두더지의 어긋난 주행법을 익힌다
  그녀 속으로 들어갈 때 나는 세계의 바깥을 나들이하지만,
  그녀의 바깥을 떠돌 때 나는 세계라는 허물을 벗는다
  나는 그녀라는 촘촘한 毛孔이 심심풀이로 뒤집는 어느 멸망한 별의 운세 카드에 불과하다

5

 여자의 몸을 빌려 그녀라 불리지만,
 그녀 안에 결박된 나는 남성도 여성도 아닐 것이므로
 우리의 사랑은 눈뜬 현세 안에서 영원한 종말의 극점을 마주한다
 내 심장은 그녀라는 응고된 피로 영원히 멎지 않는다
 늘 걷던 거리가 전혀 다른 시간대에 편승해 사물들의 얼굴을 바꾸는 동안
 그녀는 또 만인을 향해 큰 유방을 출렁거린다
 내 카메라에 담기는 풍경들이 태곳적의 연체동물처럼 축 늘어진 시간을 인화한다
 입을 맞추니 온몸이 풍경 속으로 쭉 빨려든다
 내가 아는 해탈의 한 방식이다

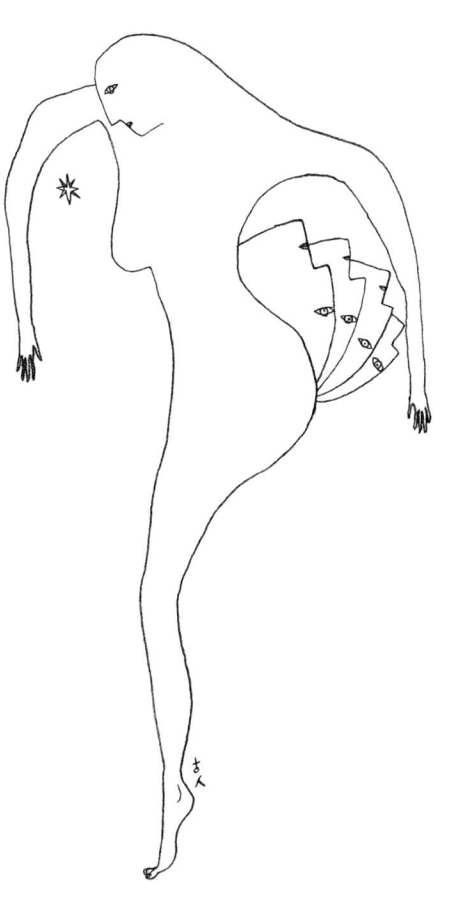

아침의 시작

어젯밤엔 집으로 돌아가던 나의 그림자가 죽었다

문지방 앞에서 흘러내린 어둠엔 꽃 냄새 가득했다

달의 뒤편으로 추락하던 지구가 새로운 별을 임신했다

창가에 남아 있던 냉기가 시간의 한 틈을 쪼개었다

문득 볕이 터지니 죽은 내 얼굴이 해바라기처럼 웃었다

십 년 전의 벚꽃들이 폭약처럼 터졌다

이제 나는 슬프지 않을 거야, 라고 노래 부르며

한 아이가 문밖으로 자전거를 끌고 나갔다

낡고 메마른 굴렁쇠가 수평선 바깥으로 가라앉고 있었다

고등어 연인

　같이 고등어 살을 발라 먹던 여자가 살짝 웃던 날이었다
　입술에 묻은 고등어 기름이 낡은 암자의 처마처럼 햇빛을 받고 있었다
　사진기를 들이대며
　자꾸 웃어 보이라던 여자가 이내 눈물을 흘렸다
　배 속에 삼킨 고등어가 알이라도 까는지
　물컹물컹 낯선 감정들이 몸 안에 물길을 내고 있었다
　여자는 입술을 핥던 혀로 내 얼굴을 핥았다
　땀인지 눈물인지 모를 물기가 심장에 넘쳐흘렀다
　여자는 일그러진 내 얼굴을 향해 연신 셔터를 눌렀다
　시간이라는 평상에 톡톡 금이 가고 있었다
　발라낸 고등어 뼈를 냄새 맡던 고양이와
　고등어 냄새를 물씬 풍기는 내가 한 프레임 안에서 여자의 밥이 되었다
　갈라진 평상 위에서 여자가 파랗게 웃고 있었다
　내 심장을 꺼내 햇볕 아래 펼쳐놓고 있었다
　먼 나라에서 돌아오는 대한항공 여객기의 비행운이

지구 밖의 시간을 떨어뜨렸다

배부른 고양이가 화들짝 놀라 잠을 깨던

지상의 마지막 오후,

여자가 찍은 풍경들이 새로운 魚族의 표본으로 떠올랐다

하늘을 나는 고등어를 우리는 사랑이라 부르기로 하며 긴 슬픔을 우렸다

처음 마주한 밥상에서 서로에게 영원한 未知로 남은 것이다

나비 떼가 떠 있는 방

여자가 렌즈를 닦고 있다
다 닦인 렌즈엔 아무것도 묻어 있지 않았다
여자가 렌즈를 끼우고 초점을 맞춰
나를 향해 셔터를 눌렀다
다 닦인 렌즈를 투과한 빛에도 아무것도 묻어 있지 않았다
여자가 조리개를 닫고 필름을 꺼내 주머니에 넣었다
나는 그 동작을 오래도록 지켜보았다
얼마 안 되는 시간이지만
여자의 렌즈에 잡혀 있는 동안
온몸이 땀에 젖어 녹아들었다
여자가 렌즈를 닦듯
나는 여자를 보며 아무 생각 않으려고 애썼다
생각을 비우는 게
렌즈를 닦는 것과 같은 일이라면
말갛게 닦인 렌즈 앞에서
아무 생각 않으려고 애쓰는 건 어떻게 다른가, 를 생각하다가

여자의 총총걸음을 따라
꽃들이 흐드러진 어느 정원 앞에 섰다
나비 떼가 그리다 만 말풍선처럼 퐁퐁 사라졌다
다시 보니 나비는 한 마리도 없었다
여자가 이리저리 꽃들의 수런거림을 찍고 있다
나는 꽃이 왜 아름다운지 알지 못하는 남자라는 걸
여자는 알고 있다
꽃들 앞에 서니
카메라 앞에서보다 더 힘겹고 시야가 어지러웠다
꽃들이 오랫동안 빨판 같은 주둥이를 벌려
내 몸을 나눠 받았다
여자가 다 찍은 필름을 다시 주머니에 넣었다
아무 말 없이 우리는 헤어졌다
여자가 정원을 지나 사리지자 문득 어두워졌다
나는 집으로 돌아와 방문을 닫았다
오래도록 잠이 들었다 깨어나니
방 안에 나비 떼가 넘실거렸다
나는 여자가 언제 렌즈에서 나를 닦아냈는지 알 수 없었다

한낮, 정사는 푸르러

 길게 누워 있던 여자가 느리게 몸을 일으켰다
 그림자는 더 아래로 내려가 만물의 뿌리를 만지며 땅의 깊이를 더하였다
 여자가 길게 일어나자
 같이 누워 있던 햇볕이 산을 두어 개 넘어 어두운 마을 하나를 지도에서 지웠다
 다가올 시간이 지나간 시간 앞에서 더 먼 곳의 아이들을 달랬다
 꽃의 생몰 기간이 한나절쯤 줄었을까
 여자를 만졌던 시간이
 홀로 여자를 생각하던 시간을 삼킨 듯
 전혀 모를 남자가 등을 접은 채 유리창 속으로 사라진다
 엉겨붙어 흘러내리던 조금 전 그 자리가 물씬 차갑다
 여자의 머리칼이 수초처럼 휘날리며 하늘거리는 새 떼의 하늘을 휘감는다
 한 여자의 몸을 통과했을 뿐인데,
 어느덧 세상 밖이 발아래 놓였다

풀죽은 下焦에 진짜 풀들이 죽어 있다
만물을 뒤바꿔놓은 여자가 긴 다리를 딛고 일어선다
다리 사이로 흰 물이 흘러내리는 걸 착각이었다고 믿는 순간,
오전부터 읽던 책의 낱장들이 허공에 둥둥 떠다녔다
유리창을 뚫고 들어온 천체의 암반에
이끼 낀 남자의 근골이 화석처럼 찍혀 있다
얼굴을 잃고 몸 전체로 동굴이 돼버린 여자의 늑골에
최초의 문장이 씌어지는 순간이다

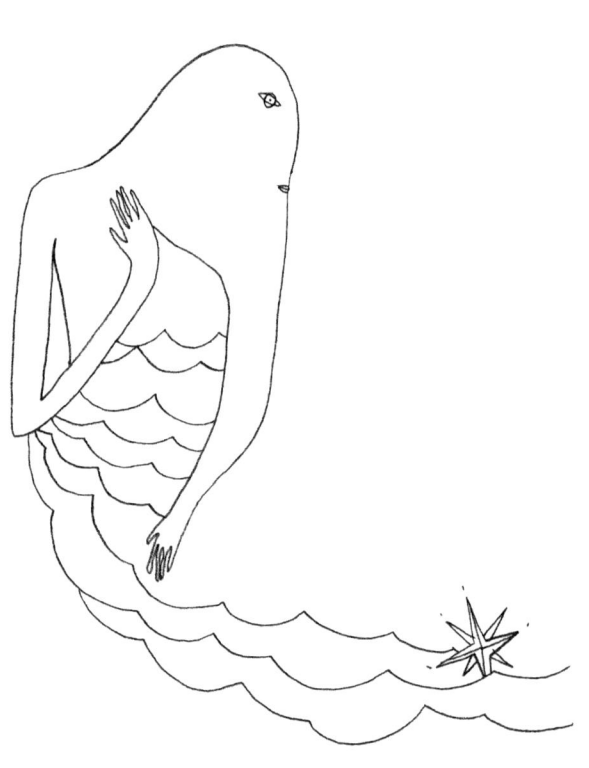

티브이 시저caesar

   티브이를 켜다가 망막에 낀 이끼들이 문득 사람을 닮았다고 생각한다
   사람은 어느덧 자신의 배후를 지운 채 고요한 물상처럼 시생대와 원생대를 급히 오간다
   박제된 현세가 문득 아름다움의 전부다
   내 마음에서 산란한 최소한의 물질들이 허공의 주사선을 따라
   누군가의 긴 밤에 우레로 떨어진다
   절망과 희망에 대한 오래된 에피소드들이
   볕 드는 작은 창가 파리한 화초처럼 슬그머니 입 다물며
   인간의 마지막 노리개가 된다
   아이가 손 가는 대로 타주하는 장난감 악기의 새된 소리를 따라
   천상의 별길이 어지럽다
   오래 동면했던 詩들이 철갑을 껴입고
   별세계의 첨단에서 왈츠를 추는 동안
   나는 슬픔이라 불리는 낡은 물질을 질겅질겅 씹으며

이따위 유치한 꿈이나 꾼다
이 유치함을 즐거이 봐주는 당신의 텅 빈 동공이 아니라면
난 더 이상 詩를 쓸 곳이 없다

부신 눈꺼풀을 내리닫는 순간, 티브이가 잠들듯
내가 생각했던 우주의 全面이 폐쇄된다
이 가공의 현세가 아름다움의 개념을 바꾸는 동안에도
감퇴한 성욕과
비대한 순정의 아이러니를 무한 반복하며
短調의 간투사로 연연하던 청춘은 여전히
검투사의 미래를 꿈꾼다
조만간 떨어질 낙뢰에 대해 청년은 아무런 미적 판단도 하지 않기로 했다
그저 빛이 빛을 몰아내듯
대기권 밖의 기별들을 생중계해줄 핏줄의 신선도만 믿어볼 뿐,

나의 시는 미립자의 최소 단위로 한없이 줄었다가
고밀도의 허상으로 당신의 허약한 심기를 괴롭힌다
그게 나의 병이란 사실을 알게 된 건 시간이 순전
한 픽션일 뿐이란 걸
깨달은 시간과 동일하다
나는 나의 오래된 가짜다

달빛을 받는 체위

밤새 엎드려 집 밖에 내어놓은 고양이 울음을 들었다
새끼 네 마리를 뱉었던 그곳에 늦은 자애가 아렸나 보다
달빛은 머나먼 기억들을 혀끝에 매달게 한다
길에서 상처 입은 것들의 잠자리는 늘 고통일 테니
두 발로 버팅기던 세월은 달빛을 목줄인 양 움켜쥔 누군가의 장난감 신세였다

앞발을 오므린 채 허리를 곧추 세운다
밤샘을 달래던 책들이 온몸에 가득 차
심장에서 솟구치는 愛液들이 식도를 달군다
먹은 걸 토하다 보면 머릿속에 달이 떠오르기도 한다
새벽 길가 하수구 수챗구멍에 고개 박은 채 구토하던 남자를 향했던
강간충동이 나의 진짜 욕망이었다

기억의 저층엔 어린 시절을 강탈한 어른들이 노름판을 벌인다

짝짝 신의 볼기를 치듯 허공을 굴착하던 투전꾼들의 폭언이 내 몸 깊숙이 박혀 있다
남들이 써놓은 문장에 화들짝 놀랄 때마다
그때의 뜨겁고 날카로운 소리가 온몸을 훑어내린다
내 음성에 배인 빙초산 냄새를
가끔 사랑으로 意譯하던 이들 앞에서
네발로 기며 쏟아냈던 불덩이는
그때 벌어진 상처를 열고 숨어든 눈먼 짐승의 울음이었다

밤새 울던 고양이가 내 몸을 통과해 내 입을 열고 또 새끼를 깐다
나는 연신 엎드려 허공에 머리를 들이대며
누군가의 몸을 열려고 애쓴다
고양이의 밤이 다 가도록 고양이를 받은 나의 밤은
이렇게 또 완전히 써지지 않는 울음들로 가득할 뿐,
팔을 잔뜩 오므리고 엉덩이를 든 채 죽은 고양이의 항문에 혀를 댄다

만개한 꽃들을 보며 구역질을 느꼈던 이유가 비로소 풀릴 듯하다

텔레비전

먼 곳의 사연들로 가득한 이 몸은 곧 폭발할 것이다
빛을 넣으면 결코 말해지지 않던 죄들이 방 안을 비춘다
거짓소문들을 말하던 밤들이 한 공간에 가득하다
몸 안의 내장들이 폭음도 없이 망가지기 시작했다

눈을 감으니
결코 가닿지 못했던 저 세상의 기별들이
항문을 뚫고 들어온다
낙숫물에 튀는 전류처럼
기어이 내 몸속의 다른 기억들이 몸 밖에서 부푼다

드러누워 있던 죄의 날들이 발기하는 순간,
호물호물해진 근골이 탐사했던 어떤 여자의 몸보다
더 깊은 내세가 출렁인다
죽은 기억의 발전소에서 밤새 송신하는
몸이 다 타버린 자리, 분장한 구름들의 기나긴 행렬

텔레비전

조작된 기억들을 떠들다가 들어온 날이면 티브이만 본다
최소 삼 일 동안의 자숙이자 자해이다

배부른 나날들의 기나긴 낮잠을 기록하는
식탁 위의 리모컨
스포츠 중계와 철 지난 영화들 사이에서 관음하는 티베트 사자의 서

티브이를 끄고 난 뒤의 적막을 죽음으로 치환하는 방정맞은 상상력이 반성의 주 내용이다
밀린 공과금 청구서와 빨랫감 따위가
방 한가운데 불 켜진 통로 주변에서 만장처럼 펄럭인다

눈을 감으면 티브이가 배 속으로 들어온다
온몸에 병이 들어차고 나서야
지난 시절 지은 죄들이 저승의 창가에 가득하다

음식물 따윈 보는 것만으로 배부르게 역겹다

온몸이 티브이 속으로 빨려드는 영화를 보면서
미칠 듯 성욕을 느낀 적이 있다
사흘 내내 티브이에선 죽었던 기억들이 방류된다

몸에 대한 왜곡된 사랑이라고 쓰려다가
왜곡된 몸에 대한 사랑이라고 고쳐 쓰는 게 유일한
항변일 뿐,
삼백 일째 창밖을 떠도는 새들에게 떼어줄 살점이
전혀 남지 않았다

반지의 전설

난생처음 반지를 가졌다
누군가 내 손을 오래 잡고 놓지 않던 자리
손가락 사이마다 뭉친 시간들 毒으로 올라
나는 처음 내 늙은 아이의 냄새를 확인했다

무언가 사라진 자리엔
오만 팔천 시간 동안의 긴 필름이 흐른다
때로 지구는 그것을 별의 이동이라 생각한다
毒 오른 손끝으로 짚어보면 여전히 불에 타는 마음의 신열
한 사람이 불타 죽어 비로소 딴 세상이 되는 몸 안의 전설

처음 만진 시간은 물이었다
붉게 번진 손가락들이 물 표면에 번져
지구의 윤곽을 지웠다
몸서리치는 나무 꼭대기마다 색색의 뱀들이 허공을 휘감다

노을에 매달려 신음하는 땅 끝에서 나는
죽은 내 얼굴을 확인했다

물속에 풀린 손가락들이 매만지는 지구의 밑동
손아귀에 끼인 바람을 후려쳐 봄은 내 목을 휘감는다
반지를 갖는 순간 나는 이미 저 세상과 결혼했더라

침입자

긴 밤, 시간의 어느 틈이 쪼개진 걸까
별안간 그가 나타났다
거울 앞에서 분칠하는 여자를 나는 떠올렸다
지난밤 술집에서의 기억들이
마음의 下水에 고여
기나긴 요설로 떠다닌다
그는 닫힌 문을 통째로 삼키며
침상에 오래 서식하던 이 세상 밖 공기를 퍼뜨린다
길게 꼬부라진 나의 잠은
어느덧 창밖 풍경들과 통정하며
눈 밖에서 흐드러지는 그의 뒷모습을
긴 시간 허공에 점묘한다
눈망울을 적시는 탁한 비늘들에 실려
나는 허공을 떠다닌다
내 골수를 휘감고
땅의 밑동으로 잡아당기는 고단한 힘이
몸 밖으로 이동하려는 어떤 정신들을
사방 벽에 새긴다

눈을 뜰 때마다
등짝만 희멀건한 그의 모습이 찬연하게 속삭이는 말들
홀연히 한 세계가 닫힌 문 뒤로 사라졌다
여자가 거울 앞에서 분칠하듯
나는 새하얀 벽에 등을 맞대고
어둡기만 한 눈 밖의 풍경들을 좇아 느리게 미끄러진다
급격히 떨어진 체온이 아침 첫 냉수처럼 산뜻하다
온밤을 하얗게 삼킨 그가 낡은 집을 통째로 몸에 두르고
내 안으로 깊숙이 되돌아온다
그런 그를 나는 오래도록 그린다
그릴수록 더 완벽하게 닫히는 세상의 어떤 눈들,
그가 마신 치욕을 혀끝으로 연방 핥으며
거울 앞에 앉는다
분칠을 끝낸 여자가 엉덩이를 깊이 박은 채
여지껏 남아 있는 이야기를 거울에 문지르며

내 사타구니에 똬리 틀고 앉았다

긴 밤, 머리맡에 우글거리던 뱀들의 정체가 거울을 깨고 쏟아진다

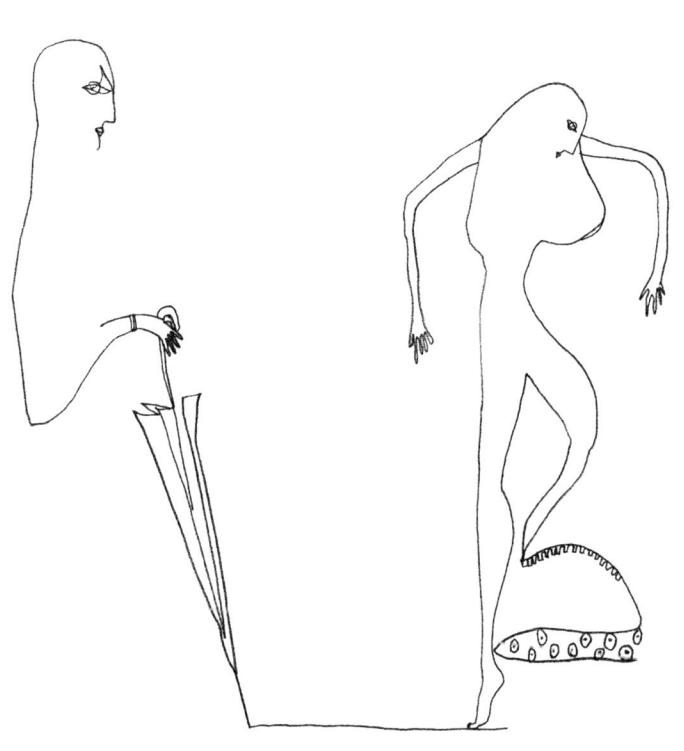

코끼리 간다

누가 휘몰아친 죽음인 듯 코끝에 검은 물 담고 코끼리 간다
바람이 지구를 반원으로 나눠 우주의 각질을 떨구고
새들은 코끝에서 솟구치는
시간의 끝물을 핥는다
삶을 기억하는 모든 것들 한 덩이 소음 안에 잠그며
고요히 눈 내리깐 코끼리,
지구의 심장 향해 두둥실 미끄러진다
코끼리 눈앞 자리에 사람은 꽃들의 말 어지럽힐 뿐,
향기에 찢긴 처녀의 눈물 홍얼거리며
난세의 복병인 양
봄 맞은 처마 끝 마지막 고드름인 양
한겨울을 몸 안에 삼킨 코끼리 들릴 듯 말 듯 드세게 간다
코는 매 순간 펄럭이는 시간의 터널
복사꽃 경광등처럼 열리고
자지러진 동백의 붉은 암내 훑으며 코끼리는 다 자랐다

간밤 머리맡에 추락한 비행선 잔해마저 한 획으로 그러안으며
　곱게곱게 실성한 코끼리 두어 걸음에 세계의 단층이 뒤바뀐다
　귀로 千里를 읽어 열에 뜬 소문들 코끝으로 삼킨 코끼리
　죽은 할머니 목침인 양 거꾸로 선 다리몽둥이로
　천체의 얼개를 바꾸는 코끼리
　코끼리 내딛는 발자국 그 옴팡진 웅덩이에
　죽은 별들 고여 지나간 미래를 쑥덕거린다
　천공을 절반으로 나눠 산 자를 하늘로 올리고
　죽은 자들 웅덩이 아래에서 고개 쳐올리니
　한겨울이 다섯 걸음 안에 지워져
　거짓은 진실이 되고 어른은 아이로 자란다
　계절의 동심원 허공에 투사하는 코끼리 코끝에서
　검은 물 터져 나와 새롭게 먹칠한 우주가 발밑에 곧장 짓밟힌다
　다 큰 아이들 小國의 왕자인 듯 등짝에 얹고

계절과 계절 사이로 천벌인 듯 소망인 듯 허청허청 걸어가는 더 먼 죽음의 侍從
　코끼리 코끝 검은 물 안에서 사람의 새끼가
　천지가 바뀐 줄도 모르고
　다 자란 코끼리 새끼들을 축포인 듯 쏘아올린다
　코끼리 코 안에 코끼리 아닌 것들의 양수가 터지는 줄 아는 듯 모르는 듯
　나자마자 죽음이 되는 거대한 코끼리, 한 세상 삼키며 느릿느릿 빠르게 간다

무덤이 떠올라 별이 되니 세상은 한참이나 적막하더라
── 金洙暎 무덤에서 김영태風으로

6월 16일
그대 祭日 맞아 무덤에 간 적 있었지
소로변 나무들이 거꾸로 울부짖던 소릴 들은 것도 같았지
짧은 길이 너무도 멀어
여전히 큰 눈 떨구고
멀리 보이는 저놈이 도적인지 뉘집 사령인지 염탐하는 그대 얼굴은
다가갈수록 더 멀고 큼직한 동굴 같더군
날은 참 밝고 풀들은 소각소각 제자리에서 건들거리고
소주 따르는 손은
어느 달나라에서 휘청거리다 추락한 별인 양
사위 아득하게 저 혼자 취했었지
사람이 죽으면 달팽이로 다시 태어날 거라는 둥
허튼소리나 잇새로 푹푹 날리며
이제와 더 이상 사랑도 염오도 불능한 그대를
촐싹 맞은 회초리라 멋대로 생각하고

오래 안 갈아입은 러닝셔츠 조각이나마
코스프레인 양 따라 더럽혔지
대낮에 나온 별처럼 웅웅대는 그대 말들이
햇빛 사이 그림자로 펼쳐지면
무덤은 너무 작아 보였고
잡풀 으스러지는 소리에 섞여
혀 밖으로 풀린 몇 마디 가락에 휘둘리다 보면
무덤은 너무 커서 가련해 보였지
얼쑤얼쑤 혼자 우는 울음은 메뚜기가 따라하고
워매워매 둘이 까부는 치정은 참새가 따라하니
글길도 마음길도 마구 뒤엉켜
대낮에 미치지도 못한 마음이
엎어진 소주잔 안에서 저 세상을 흘겨봤지 않았을까 싶어
  나무들은 우뚝 서 자꾸만 어떤 생각들을 실어 나르는데
  행여 늙은 꽃이 날 겁간할까
  되지도 않는 망상이나 용두질하며 다시 눈 뜨니

무덤은 허공 한복판,
제 빛으로 죽음을 복사하는 별들의 그림자였지
대낮에 펼쳐진 잔혹한 극락의 모퉁이에서
무덤 사라진 자리 더듬으며
그대를 먹고 자란 풀들처럼 드러누워
거꾸로 조감하는 세상의 또 다른 바깥
귀신과 독대한 망중한의 하루가
생애 전부의 내용보다 길었다 하니
또 어느 해 6월 16일
그대 만나러 가는 길은 못 두는 바둑이나 한 수 배워
세상 저편의 포석이나 미리 깔아둘까 싶었지
그날, 거꾸로 울부짖었던 건
비단 나무만이 아니었음 싶은데
이 오랜 등 결림 끝나기 전 부디 귀띔이라도 해주오

血便을 보며

좋은 소식이든 아니든
몸속의 기별들은 늘 내 몸과 멀어
누구의 목청을 찢어 날리는 울음이기에
이토록 머리끝이 까맣게 솟구치는가
똥을 누면 흘러내리는 검은 혈관
창밖으로 잠에 빠진 고양이 잔등이 부푼다
땅으로 스밀 것들이 오래전부터 허공에 떠
인간의 집을 뭉개고
밥알을 흙으로 바꾼다
뼈마디 사이엔 진화가 끝나기도 전에 멸종된 생물들의 잔해가
밤의 가장 깊숙한 곳으로 통로를 낸다
낯선 기척이 든 內臟 한가운데
몇천 년 공기를 관통한 생피가 철철 넘친다
몸 안에 비탈진 탄식들은 모두 허물어진 山의 落塵을 닮았다
풀풀 날리며 하나같이
이 생 다음에 열릴 페이지를 미리 떠들고

찢긴 마음을 답신인 양 띄워 올린 하늘엔
음계를 망각한 새들이 미친 듯 대지의 음역을 바꾼다
소리가 나아갈 때마다
더 깊이 찢어지며 용트림하는 풍경들
누가 새들이 운다고 말했는가
푸르스름한 공기의 결마다
지구 밖의 기별이 지문처럼 묻어 있거늘
인간의 곡조로 번역되는 순간
새들의 소리는 하늘에서 사라진다
생의 언덕 하나가 또 무너졌다는 소식을 알리기 위해
새들은 온몸으로 지구의 윤곽을 더듬을 뿐,
그 어떤 짐승의 낯짝도 인간이 숨긴 진심과 다르지 않다
 항문을 열고 퍽퍽 쏟아져
 오다 만 미래처럼 질척이며 머리끝까지 솟구친 소리들
 귀 밖으로 떠돌아 구름 속 낯선 층계로 버티다
 묵은똥과 함께 저 세상 생명이 되는
 몸 안의 분명한 외계여

밤의 확장

한 남자를 따라
흔들리는 땅 위에서 춤을 췄네
땅도 흔들리고
나와 그도 흔들리니
흔들리는 건 아무것도 없었네
돌이켜보건대,
같이 춤춘 그가
남자였는지조차 확실치 않은 것도
흔들리는 한가운데
낯설게 뻗어 있던
그와 나의 그림자 탓인 듯하네
우리는 털난 가슴 맞부비고
콧구멍 눈구멍
구멍이란 구멍 모두 펼쳐
서로의 몸틀까지 바꾸어 꿰차면서
그가 내 안에서 죽고
내가 그 안에서 죽어
똑같은 다른 형태,

잘 뒤섞여 반죽된 어떤
사생아 같은 걸 낳은 모양인데,
그 사이를 황급히 빠져나가
흔들리는 땅의 방향을 바꾸고
부풀어오른 바람을 허공에 직립한
누런 달빛으로 박아놓은 짐승이
우리가 낳은 그 異物인지는
깨닫지 못했네
지쳐 쓰러져 날이 밝고
서로를 마주 보았을 때
그의 눈에 내가 없고
내 눈 속에 그가 없으니
역류하기 시작한 땅 한가운데
우리는 가느다란 선분이랄까,
결코 끊어지지 않는 天地間의 밧줄이랄까,
말인즉슨,
지구를 비스듬히 잘라놓은 꼴의
圓心 거미줄로 걸쳐져

온 사방에 번식하는
집들을 낳은 것이었네

스무 살

폐를 적시는 푸른 연기
오줌보다 자주 지린 눈물
삶 이전의 삶
새로운 分子들의 낙원
비를 맞으며
알 수 없는 말을 지껄이는 거울들
두 박자 빠른 속도로 자전하는 지구
암소를 잡아먹는 사과 속 벌레들
잠든 여자의 횡경막에 쏟아부은 여름비
다 자란 나무들이 토해내는 뿌리
왈츠풍으로 그려진 벽지의 악보
지구의 움직임보다 두 배는 빠르게 노래하는 새들
부싯돌로 써도 좋을 만한 지구
구름 속에서 사라진 정원
돌밭으로 이루어진 낙원
멀리 돌아가
새로 쓰는 일기마다 폭죽이 되는,
가장 푸른 저물녘

死後의 바람

 이 오래된 바람의 내력엔 서로 피를 나눠 먹던 종족의 역사가 흐른다
 강물의 붉은색은 노을에 닿아 바다가 되고
 발끝에 묻은 파도의 소금기가 지문으로 번질 때
 기필코 사람은 지느러미와 날개를 갖는다

 또 다른 궤를 그리며 땅속에 덮이는 하늘
 맨발로 뛰쳐나가 생의 지도를 다시 찍으니
 펄럭이는 파도 끝 자락에 마지막 詩가 불붙는다

| 해설 |

애무의 윤리

조연정

> 나는 민감한 물질로 만들어진 덩어리이다.
> 내게는 살갗이 없다.
> ―롤랑 바르트, 『사랑의 단상』

애무를 넘어

 진정 사랑하는 사람과의 접촉에는 고민도 순서도 있을 리 없다. 애인의 부드러운 살갗에 매혹되고 혀의 촉감에 넋 나간 사람이 다음 순간의 손놀림이나 자세 따위를 걱정할 틈이 있겠는가. 생각하고 준비할 겨를도 없이, 순간순간의 느낌에 몰두하며 사랑하는 이의 몸을 더듬고 또 더듬을 뿐이다. 애무는 최종의 완벽한 만족을 위해 거쳐야 할 단계는 아니다. 애무는 그 자체로 목적이다. 사랑하는 대상을 결코 자기 수중에 거머쥘 수 없다는 사실을 은연중 감지했지만 쉽사리 그 불가능을 수용할 수 없는 자의 절절한 몸짓이다.

끊임없이 그저 상대를 더듬을 뿐인 이러한 애무는 그래서 윤리적이다. 그것은 전적인 이타성에 대한 체험이며(서동욱, 「애무의 글쓰기」, 『일상의 모험』, 민음사, 2005) 목적 없는 행위이기 때문이다. 사랑하는 이와의 접촉을 일종의 유희로 누리고자 한다면, 서로에 대한 배려 속에서 좀더 효과적인 접촉의 방식을 고안할 수 있겠지만, 이때 우리는 서로의 욕망에 대상으로 전락하고 소외된다. 우리가 말하는 애무란 수단으로서의 전희와도 다르며, 상대의 몸에 편승하여 자기 만족을 구하는 유희와도 다르다. 애무의 진심은 멈출 수 없다는 행위의 속성 그 자체로부터 찾아야 한다.

강정의 『키스』를 애무에 관한 시편이라고 할 수 있다면, 이는 그가 보여주는 애무의 윤리적 성격 때문이다. 그런데 강정이 보여주는 애무의 윤리는 좀더 철저하다. 세계를 향한 강정의 구애 속에는 만남의 불가능성에 대한 건조한 통찰과, 그럼에도 불구하고 여전히 그 만남을 희구하며 들끓는 신열에 제 몸 가누지 못하는 고통과, 그리고 기어이 불가능을 돌파해버리는 나름의 전략이 공존한다. 당연하게도 불가능을 가능으로 뒤바꾸려는 강정의 시도는 '이물'을 배태하고 '흉물'을 내보인다. 가능성을 의심하거나 흉한 결과가 두려운 자가 무엇을 할 수 있겠는가. 그러나 강정은 세상에 못 할 일이 뭐 있겠냐는 자만과 기어코 그 안 될 일을 해보이고 마는 능력을 함께 지녔다. 우리가 알고 있는 강정은 "인간이 뱉어낸 찌꺼기들과 〔……〕 몸 밖으로 빠져나온 상처의 분비물들에 순정이 동하는"(「카메라, 키메라」) 자이며, 안 될 일만 골라 하는 '나쁜 취향'의 소유자인 것이다.

안 되는 일을 하겠다고 나서는 것이 치기나 객기로 그치지 않고, 진정으로 제 자신의 능력을 갱신하고 고양시키는 숭고한 행위가 되려면, 그것은 납덩이 창 앞에서도 불 뿜기를 멈추지 않는 희대의 흉물 키메라의 맹목을 닮아야 할 것이다. 자신이 내뿜는 불이 납을 녹여 결국 그것이 자신의 죽음을 결과한다 할지라도, 내 마음의 불씨를 불꽃으로 발산하려는 용기를 지닐 때, 인간은 그 어떤 못 할 일도 해낼 수 있다. 사자 머리 강정의 세번째 시집 『키스』는 도처에서 이 같은 키메라의 불꽃을 내뿜고 있다.

『처형극장』(문학과지성사, 1996)의 강렬도를 기억하는 독자라면, 『키스』라는 세련되고도 선정적인 제목의 시집 앞에서 당혹감을 느낄지도 모른다. 그러나 서른을 훌쩍 넘겨 마흔을 바라보는 강정이, "나는 나는 여기에서 곱게 곱게 미쳐 죽을 기랍니다"(「處刑劇場」)라고 외쳤던 스무 살의 독기를 "즐거워 죽을 수 있도록"(「노래」)이라는 말랑말랑한 연애 감정과 뒤바꾸었다고 보는 것은 곤란하다. 『키스』의 강정은 『처형극장』의 분방한 에너지를 그러모아 숙성시켜 애무의 순간에 몰두하고 있다. 강정은 단지 상대의 매끄러운 살결을 어루만지는 유희를 즐기고 있기 보다는 고도의 집중력을 발휘하여 살갖 밑 감춰진 주름plis들을 더듬고 그녀의 모공 하나하나를 제 몸속에 점묘하면서, 마침내 살갖을 파헤치고 들어가 그녀의 돌기와 점액을 확인할 순간을 고대하고 있다. "사랑이란 인간의 뒤집어진 피부 안쪽을 들쑤셔/피와 살을 나눠먹는 일"(「하나뿐인 음식」,『들려주려니 말이라 했지만,』, 문학동네, 2005)이라고 말했던 시인의 '키스'는 그녀의 부재를 견디기 위한 무한한 접촉의 행위라기보다는, 그녀의 존재를 확인하기 위한 순간적 접속의 행위인 셈이다. 피부 안쪽을 서로에게 내맡기는 키스는 이토록 내밀하고 강열하다.『키스』는 서로의 살갖을 더듬는 애무의 윤리를 넘어선 곳에 있다.

당신과 마주한 슬픔

불가능한 사랑에 관한 통찰을 굳이 강정의 시에서 재차 확인할 필요는 없겠지만, 사랑에 관한 명민한 비관론자라면 "어찌해도 당신은 내게 속아 넘어갈 뿐,/대체로 내가 당신을 사랑한다는 사실을 용서하지 마시오"(「자멸의 사랑」)라는 수수께끼 같은 체념 조의 한마디 말을 흘려 넘기기가 쉽지는 않을 것이다. 「사실, 사랑은…」에서 보여주고 있는, 거짓과 진심과 연기에 관한 몇 겹의 역설을 기억하면서 말이다. 불가능한 사랑이라는 전언을 확인하고 싶다면 이 두 편의 시를 음미하는 것만으로도 충분할 듯하다.

사실, '연애의 연기술'이나 '달콤한 위선'을 가볍게 긍정하는 것이 강정에게 쉬운 일은 아니다. 앞으로 우리가 읽게 될 강정의 사랑의 방식을 이해하려면, 오히려 "세상의 모든 배후는 맨얼굴의 창녀처럼/슬프게 역력하다"(「사실, 사랑은…」)라든가, "나는 인간의 정념 바깥으로 나갈 수 있을까"(「낯선 짐승의 시간」)라는 시인의 진심 어린 고백들을 새겨두는 것이 좋겠다. 사랑에 관한 한 강정은 "최대한 궁상맞"(「몸 안의 음악」)고 심하게 감상적이라는 점에서 오히려 외설적이다. 그는 욕망의 변증법 위에서 환유적 반복의 놀이를 즐기는 '돈주앙식' 사랑보다는 진정한 대상을 향해 무한 접근을 시도하는 '사드식' 사랑을 선호한다고 할 수도 있을 것 같다(이에 대해서는 알렌카 주판치치, 『실재의 윤리』, 이성민 옮김, 도서출판b, 2004, p. 168).

사랑을 표현하고 확인하는 일은 표정과 언어라는 기호를 지닌 인간에게 결코 수월한 일이 아니다. 실은 가장 어렵고도 괴로운 일이다. 기호놀이로서의 사랑에 관한 적실한 통찰들을 보여주는 롤랑 바르트의 『사랑의 단상』에는 고뇌, 고행, 우수, 연민, 울음, 자살 같은 불행의 어휘들이 즐비하다. 오죽하면 바르트는 사랑하는 사람을 예술가에 비유했겠는가. 사랑하는 사람에게 세계는 이미지 그 자체이며, 그것을 해독하는 일은 언제나 난해하고 고통스럽다. "사랑의 영역에서 가장 생생한 아픔은 아는 것에서보다, 보는 것에서 더 많이 오"(『사랑의 단상』)는 것이다. 사랑에 빠져 있는 사람은 보이는 대로 믿기 때문에, 혹은 보이는 것을 믿을 수 없기 때문에 괴롭다. 그들에게는 "보이는 것들은 다 보이지 않는 것들이 된다/부를 수 없는 것들이 어느덧 새 이름을 얻는다"(「아픔」).

> 우스운 일이지만,
> 나는 카메라 한 대로 모든 시간을 포획하려는 꿈을 아직 버리지 못한다.
> 당신의 얼굴을 담으려다가
> 두 개의 망막을 거쳐 내 심장에 가설된 집에는
> 당신이 떠난 자리만 휑뎅그렁 살아 있는 나보다
> 더 크고 살갑다
> 대개 과장법이 잘 통하는 나의 카메라는
> 사람 여자의 몸에 공룡 머리를 얹은 모습으로
> 당신을 기억한다.
> 당신은 내 기억보다 훨씬 먼 시간의 지층 아래
> 흙과 나무의 처소로
> 봄마다 아름답게 환생하지만
> ──「카메라, 키메라」 부분

『키스』의 제2부 '카메라, 키메라'의 몇 편의 시들은 '그녀'라는 대상을 이미지로 포획하려는 일에 대한 숙명적인 실패의 기록이라고 할 수 있다. 「카메라, 키메라」가 대표적이다. '당신'은 '나'의 망막 안에 절대 포획되지 않는다. 오히려 '당신'은 '나'의 심장 속에 빈자리로 남는다. '당신'은 "떠난 자리"를 통해서만 각인되는 대상이다. '당신'의 존재는 '당신'의 부재를 통해서만 확인되는 것이다. "방금 새가 떠난 자리를 보면 새가 더 분명하"(「日沒」)듯이 말이다. '나'는 부재로서만 존재하는 '당신,' 왜곡을 통해서만 나타나는 '당신'을 사랑하고 있다. 그러니 '카메라'라는 도구로는 '나'는 가짜 '당신'만 볼 수 있을 뿐, 진짜 '당신'을 만나는 일은 꿈처럼 허황되다. '나'는 '당신'이 없는 곳에서만 존재하고, '당신'은 내가 없는 "먼 시간의 지층 아래"에 존재하기 때문이다. 우리는 "서로에게 영원한 未知로 남"(「고등어 연인」)는다. 강정은 이런 이야기를 하고 있다.

    같이 고등어 실을 발라 먹던 여자가 살짝 웃던 날이었다
    입술에 묻은 고등어 기름이 낡은 암자의 처마처럼 햇빛을 받고 있었다.
    사진기를 들이대며
    자꾸 웃어 보이라던 여자가 이내 눈물을 흘렸다
    배 속에 삼킨 고등어가 알이라도 까는지

물컹물컹 낯선 감정들이 몸 안에 물길을 내고 있었다
여자는 입술을 핥던 혀로 내 얼굴을 핥았다
땀인지 눈물인지 모를 물기가 심장에 넘쳐흘렀다
여자는 일그러진 내 얼굴을 향해 연신 셔터를 눌렀다
시간이라는 평상에 톡톡 금이 가고 있었다
   ——「고등어 연인」 부분

 연인이 밥상을 마주하고 앉아 고등어를 발라 먹고 있는 광경이 한 편의 슬픈 시가 되었다. 두 연인의 얼굴과 심장은 물기로 가득하다. 함께 고등어를 발라 먹는 더없이 다정한 풍경 안에서 왜 이들은 "긴 슬픔을 우"려내고 있는 것일까. 특별한 이유는 없다. 그저 서로가 마주하고 있다는 사실 그 자체로부터 '슬픔'이라는 "물컹물컹 낯선 감정들"이 생겨난다. 영원히 만날 수 없는 사랑의 불가능성은, 함께 마주하고 있는 이토록 일상적인 순간 속에서 오히려 전면화된다는 사실을 시인은 보여주고 있다.
 '나'를 향해 연신 사진기를 들이대는 '여자'는 눈으로 '나'를 애무하고 있는 것이다. 영원이라는 아이온의 시간으로 존재하는 '당신'을 잡아보기 위해, '여자'는 '당신'이라는 흐름 속에 크로노스적인 균열을 내보려고 한다. 그렇게 '당신'의 "피톨"들을 하나하나 모아서라도 '당신'이라는 전체를 만져보고 싶은 것이다. 현행적인the actual '당신'을 거슬러 잠재적인the virtual '당신'을 만나려고 하는 것이다. 강정의 '카메라'는 '당신'을 제멋대로 재구성하려는 폭력적인 수단이 될 수는 없다. 오히려 그의 '카메라'는 붙잡을 수 없이 도망가는 '당신'의 파편이나마, 순간 속에 존재하는 '당신'이나마 제 손안에 쥐어보고자 하는 애타는 애무의 손길이다. 그러니 셔터를 누르는 손은 쉽게 멈출 수가 없다. '당신'의 파편, '당신'의 순간을 포착하려는 자신의 손길이 그저 허공을 향한 헛손질이 아니라는 것을 그는 믿어 의심치 않는다.

당신의 풍경 너머

사르트르의 말대로 우리는 '당신'과 마주칠 뿐, '당신'을 재구성할 수는 없다. 그렇다면 '당신'과 마주한 슬픔으로부터 해방되는 방법은 무엇일까. 영원한 미지의 '당신'을 슬픔 없이 만나는 방법은 무엇일까. '당신'이라는 기호로부터 눈 돌리는 것, 카메라의 애무 너머로 가보는 것, 그래서 맹목(盲目)적으로 사랑하는 것, 방법은 그것뿐이 아닐까. 그런데 '당신'과 접촉할 수 있는 유일한 수단을 버리고, 멈출 수 없는 애무를 멈추고서 당신과 곧장 뒤섞이는 일이 과연 가능할까. 강정은 그처럼 허황된 일을 하겠다고 나선다. 일단은 '당신'이라는 존재를 왜곡시킨 '눈'과 '말'이라는 도구를 버리는 일이 급선무다.

「영화」라는 시를 보자. 부재로서만 존재하는 당신을 만나기 위한 첫번째 관문에서 그가 기꺼이 감내하는 것은 "가위질"이다. 그것은 "마술사 부부"가 아이의 "고추를 잘라/옷장 깊숙이 숨겨"(「마술사의 아이」)둔 것 같은 최초의 '거세'가 아니라, 거세의 거세, 즉 결여의 결여를 위한 가위질이다. "내 혀가 잘리고,/망막의 푸른 통로가 잘리"는 가위질 말이다. '당신'이라는 타자를 이미지와 언어라는 기호로 구획하고 폭력적으로 재구성해버린 최초의 거세를 파기함으로써, 그는 '당신'과 꿈처럼 만나는 일을 실행하고자 한다.

그 가위질을 담당하고 있는 '여자'가 바로 "시인의 누이"이자 시인의 "모태"라는 점도 의미심장하다. 과연, 이 시의 '가위질'은 이오카스테의 황금 브로치와 맞먹을 만하다. 가위질을 끝낸 여자는 시인에게 "당신은 착한 사람이에요"라고 말하고 있다. "붕대를 동여맨 시인"은 이른바 이미지와 환상을 거스르고 진짜 '당신'과 대면할 태세를 갖춘 '흉물'이다. 이 착한 흉물은 거세를 극복하고 진짜 사랑을 완성할 우리 시대의 오이디푸스다. 어쩐지, 「영화」는 영화 「올드보이」의 충격적인 장면들을 환기하는 면이 없지 않다. 자신의 딸과 동침했다는 사실을 알게 되고 자기 혀를 잘라버린 주인공이 마지막 장면에서 얼마나 온순한 표정으로 앉아 있었는지를 기억해보자.

강정은 이미지와 언어의 숙명적 실패를 외면하기 위해

눈 돌린 자가 아니라, 기꺼이 눈을 버린 자다. 눈을 버린 그는 "너의 냄새"라는 "친밀도 높은 인분의 기척"을 좇는 "낯선 짐승의 시간"(「낯선 짐승의 시간」)을 산다. '당신'을 제멋대로 재구성할 수 없는 그는 '냄새'에 의존하여 '당신'의 흔적을 따라나서는 진짜 '첫사랑'(「암소와의 첫사랑」)을 시작하는 것이다. "눈먼 코끼리"와 "스스로 혀를 삼켜"버린 '뱀'이(「밤의 동물원」) 그와 동행한다. 그 착한 짐승들의 첫사랑을 보여주기 위해 강정은 다음과 같은 시를 썼다.

    벽에 걸린 그림 속에 둥글게 휜 다리가 있고 그 위를 걷다가 문득 우산을 펼쳐 드는 사내 하나 반대편 벽 깊숙이 향해 있는 숲길을 되짚어 사내에게로 다가오는 여자 하나 바라보는 시간이 오래될수록 사람은 마치 길 위에 길게 드러누운 죽은 나무 같고 부러진 등걸 주위에 핀 버섯들이 사람처럼 보일 때 우리는 오래 떠들던 입을 다물고 혀끝에서 소리 없이 지워진 단어들을 식도 깊숙이 감추며 진짜 서로가 생각하고 있던 것들에 대해 동공을 텅 비운 채 사심 없는 짐승처럼 열어 보이는 것이었다
              ——「오래된 그림이 있는 텅 빈 식탁」 부분

벽에 걸린 그림을 보고 있는 두 사람이 있다. 그 그림 속에는 둥근 다리가 있고 그 위에 '사내'와 '여자'가 있다.

이들은 서로에게 가고 있는 중이다. 그러나 그림 속 정지된 장면을 오래 바라보고 있으면, 마치 걷고 있는 두 남녀가 "죽은 나무" 같고, 오히려 이들을 둘러싼 "버섯"들이 오히려 사람처럼 움직이는 듯 보이기도 한다. 눈앞에 놓인 풍경 속에는 서로를 향해 다가가고 있는 두 사람이 박제화되어 있지만, 그 그림은 보이는 것과는 달리 우리의 시선 밑에서 다른 움직임으로 활성화될지도 모를 일이다(시인은 한 산문에서 한 장의 사진을 놓고 이러한 체험을 설명해보기도 했다. 강정, 「'안으로의 여행'에 관한 열다섯 개의 단장들」, 『문학·판』, 2005 겨울).

 그 "오래된 그림"은 실제 '우리'가 보고 있는 그림일 수도, 아니면 현실의 '우리'를 프레임 안에 넣어본 것일 수도 있다. 그것이 무엇을 포착한 것이든 간에, 일시 정지된 화면이 어떤 정답도 말해주지 않는다는 것을 느끼는 순간, 즉 우리가 '헛것'을 보고 있었다는 것을 깨닫는 순간, 그때야 비로소 우리는 "진짜 서로가 생각하고 있던 것들에 대해" 사심 없이 열어 보이면서 '첫사랑'을 시작할 수 있게 된다고 강정은 말한다. 혀끝의 단어를 감추고 "동공을 텅 비운 채"로 말이다. 눈과 혀가 만들어내는 기호를 버리는 것, 그것이 '당신'이라는 풍경 앞에서 끊임없이 미끄러지기만 할 수 없었던 그가 고안해낸 사랑의 방식이다. 그는 그렇게 '당신'이라는 풍경을 파고들 준비를 하고 있다. "더 이상 시야에서 수평 아래의 풍경들에 대한 내밀한 추측을 포기하리라"라고 비장하게 선언하는 「풍경 속의 비명」 역시 풍경 너머의 "생 안에 감춰진 다른 순간들"을 만지려는 그의 바람을 담고 있다. 강정의 시는 정지된 풍경 너머를 더듬어보고자 하는 "앳되고 착한 짐승"(「오래된 그림이 있는 텅 빈 식탁」)의 마음으로 씌어진다. 그 풍경 너머에는 무엇이 있을까.

우리는 민감한 물질

강정은 '당신' 앞에서 눈먼 자이다. 그는 '당신'이라는 풍경을 장악할 수 없다. "당신의 살을 더듬는 내 눈에 초점이 없다"(「불탄 방—네가 없는 사진」)고 그는 쓰고 있다. 아니 오히려 강정은 '당신' 앞에서 아무 생각 없는 피사체가 되려고 하기도 한다(「나비 떼가 떠 있는 방」). 시선을 교환하며 마주하는 한 '당신'을 거머쥐는 일에 필시 실패하리란 것을 그는 잘 알고 있다. 멀쩡한 눈을 가지고도, 아니 멀쩡한 눈을 가졌다면, '당신'과 영원한 절름발이로 남을 뿐이라는 사실을 그는 슬프게 인지하고 있다. 우리의 눈과 혀가 응고시킨 사물 너머에는 결국 아무것도 없다고 말하려는 것일까. 그러니까 우리가 마주하는 이 모든 풍경이 일시적인 텅 빈 구조물에 불과하다고 생각하고 있는 것일까.

그렇다면, 이제 동공을 텅 비워버린 그 앞에 '당신'은 무엇으로 존재할 수 있는가. 눈먼 강정은 누구와 키스하고 누구를 애무하고 있는 것일까. 그는 눈에 담을 수 없는 '당신'이 명백한 '물질'이라고 말하고 있다. 눈 뜨고도 보이지 않던 '당신'이 눈 감아버리자 명백한 물질로 체감되기 시작했다는 것을 우리는 어떻게 이해할 수 있을까? 강정은 '마술사'인가? 아니면 거짓말쟁이인가? 아니면 그는 정말 "인류의 조상을 임신한"(「번개를 깨물고」) 외계인인가? 아무튼 마술사, 거짓말쟁이, 외계인 강정은 "얼굴을 잃고 몸 전체로 동굴이 돼버린 여자"(「한낮, 정사는 푸르러」)라는 '물질'과 키스하기 시작한다.

그녀라는 존재는 내 파인더에 밀집된 검붉은 돌기와 미끈한 점액 말고 이 세상에 없다
나는 없는 그녀의 유일한 물증을 고물고물 씹으며
땀과 피를 섞어 그녀의 밀도 높은 毛孔을 점묘한다
온몸을 쥐어짜 그녀라는 거짓말을 토하는 셈이다
[……]
여자의 몸을 빌려 그녀라 불리지만,
그녀 안에 결박된 나는 남성도 여성도 아닐 것이므로
우리의 사랑은 눈뜬 현세 안에서 영원한 종말의 극점을 마주한다
내 심장은 그녀라는 응고된 피로 영원히 멎지 않는다

늘 걷던 거리가 전혀 다른 시간대에 편승해 사물들의 얼
굴을 바꾸는 동안
그녀는 또 만인을 향해 큰 유방을 출렁거린다
내 카메라에 담기는 풍경들이 태곳적의 연체동물처럼 축
늘어진 시간을 인화한다
입을 맞추니 온몸이 풍경 속으로 쭉 빨려든다
내가 아닌 해탈의 한 방식이다
——「그녀라는 커다란 숨구멍, 혹은 시선의 감옥」 부분

"여자의 몸을 빌려 그녀라 불"리는 '나'의 키스 상대는 "입술이 기억하는 어느 깊고 축축한 허공"이다. 그녀라는 "축축한 허공"은 "없는 그녀," 즉 대상의 부재를 드러내기 위해 선택된 상징은 아니다. 당신이 부재한다면, 당신이 허공이라면, 지금 내 앞에서 이토록 생생하게 나를 결박하고 있는 이 감각은 무엇이란 말인가. '나'에게 그녀라는 허공은 곧 '무(無)'가 아니라, 손에 잡힐 듯 말 듯 가까스로, 아니 분명한 감촉으로 '나'와 만나고 있는 생생하게 현존하는 어떤 물질이다.

'그녀'는 "파인더에 밀집된 검붉은 돌기와 미끈한 점액," 그리고 "밀도 높은 毛孔"일 뿐, 그것들이 모여 이루는 어떤 특정한 형태의 대상은 아니다. '나'의 '키스'는 바로 "없는 그녀의 유일한 물증"인 그녀의 돌기와 점액을 "고물고물 씹"는 일이다. 그녀의 얼굴을 확인하며 그녀의

입술을 스치는 것이 아니라, 살갗을 파고들어 그녀의 돌기와 점액을 씹으면서 그녀를 확인하고 있다. 그때의 감촉이 바로 그녀다. 여기서 강정은 '그녀'라는 객관적 물질성만을 인정하고 있는 것도, "고물고물 씹"는 느낌이라는 자신의 주관적 경험만을 강조하고 있는 것도 아니다. "없는 그녀의 유일한 물증"이라는 역설이 보여주듯 강정은 '그녀'라는 실체적 현존도, 내가 그것을 씹고 있는 순간의 감각도 모두 인정할 수밖에 없다. 세계가 물질로 이루어져 있다는 유물론의 극단적 형태가 세계가 오로지 '무'일 뿐이며, 세계는 어떤 구조의 결과일 뿐이라는 결론에 이른다면, 강정은 극단적인 유물론자라 할 수는 없다는 것이다. 강정의 그녀는 풍경 너머에 있는 초월적 존재이기도, 지금 현재 나와 밀착하고 있는 실재적 존재이기도 하다. 그는 "축축한 허공"이라는 그녀 안에서 관념론과 유물론 사이를 오간다. 그녀와 사랑하기 위해서는 어쨌거나 서로를 '결박'하는 일이 필요하다.

 눈 없는 벙어리인 그는 '그녀'와 어떻게 결박될 수 있을까. 의외로 쉽다. 그녀는 이미 내 안에 있다. 무슨 말일까. 그녀가 돌기와 점액과 모공이라면, 그녀는 '나'의 피부 안에 감싸여 있는 나의 돌기와 점액과 모공과 다를 게 없다. 그렇다면 그녀는 '나'의 외부에 있는 것이 아니라 이미 "내 살 속에 담겨 있"(같은 시)어야 한다. 강정이 수시로 자신을 임신한 사내로 인지한 것도 결국 그녀라는 타자를 이미 제 안에 품고 있었다는 사실 때문이었나 보다. '나'와 '그녀'는 애초에 살갗이 없는 '민감한 물질'로 이루어진 하나의 덩어리이다. '그녀'는 내 안에, '나' 역시 "그녀 안에 결박"되어 있다. 피부라는 껍질이 그 한 덩어리의 물질을 함부로 구획 지어놓았을 뿐, '나'와 '그녀'는 뫼비우스의 띠처럼 안팎의 구분이 없는 하나의 전체인 셈이다. 그렇다면, '그녀'와 만나기 위해서는 세계와 나를 가로지르고 있는 나의 살갗을 벗겨내기만 하면 될 일이다. 물론 그게 말처럼 간단한 일은 아니다.

"눈뜬 현세"에서 그런 사랑은 "영원한 종말의 극점"과 유사한 경험이자 "해탈의 한 방식"으로, "전혀 다른 시간대"에 존재하는 것으로 이해되기 때문이다. 이른바 바타유가 말하는 죽음에 가까운 에로스라는 내적 체험이 바로 그런 것이다. 강정은 바타유의 내적 체험을 이처럼 생생한 물질적 체험으로 그려내고 있다. 서로의 살갗을 파헤치고 상대의 점액과 돌기를 곱씹는 그 '키스'는 아마도 "관 뚜껑을 닫는 맛"(「키스」)과 유사하리라. 그런 "사랑은 이 생 다음에!"(「영화」)가 가능할지도 모른다. 현생에서 "관 뚜껑을 닫는 맛"의 사랑을 달성하고자 한다면, 오히려 "관 뚜껑을 미는 힘"(이성복, 「어느 흐린 날의 기록」, 『그 여름의 끝』)을 지녀야 하는 것은 아닐까. 피부라는 상징으로 이미 산 매장된 '당신'이라는 물질과 재회하기 위해서, '당신'과 '나'의 진짜 첫사랑을 시작하기 위해서, 그럼으로써

사랑이라는 불가능을 되살리기 위해서는 말이다. 펄펄 뛰는 심장과 뜨거운 뇌수와 "몸 밖으로 뛰쳐나가려는 늙은 神의 마지막 꼬리"(「번개를 깨물고」)까지도 가두고 있는 피부라는 상징을 벗겨내기 위해서는 말이다. "내게 사랑이란 뜨거운 어떤 것을 감춘 채 차갑게 굳어 있는 얼음을 만지는 행위이다"(강정, 앞의 글)라는 시인의 고백은 이러한 지점에서 이해될 듯도 하다.

살갗을 벗겨낸 민감한 물질이 된 시인은 이제 고양이도 되었다가, 물고기나 새도 되었다가, 티브이를 흐르는 전류도 되었다가, 자유자재로 확장된다. 그것은 상상이 아니다. 견고한 피부를 지닌 우리는 쉽게 이해할 수 없는 실제 상황이다. 그의 몸을 이루는 돌기와 점액과 모공들이, 아니 그의 "마음에서 산란한 최소한의 물질들"(「티브이 시저caesar」)이 그저 재배열된 상태라고 짐짓 이해해볼 수는 있겠다. 시간의 틈을 쪼개고 쪼개서 어느 순간 '나'의 돌기 하나가 '당신'의 돌기 하나와 만났을 때, 그때 우리는 충분히 사랑할 수 있다고 강정은 말하고 싶은 게 아닐까. 그가 열렬히 구애하고 있는 상대는 '당신'의 얼굴, '당신'의 이름, '당신'의 매끄러운 살갗이 아닌, 바로 '당신'의 작은 돌기 하나다. 시인은 그렇게 당신의 피톨 하나하나를 점묘할 준비가 되어 있는 어린 에로스, 발기한 아이, 민감한 물질이다.

    너는 문을 닫고 키스한다 문은 작지만 문 안의 세상은 넓다 너의 문 안으로 들어간 나는 너의 심장을 만지고 내 혀가 닿은 문 안의 세상은 뱀의 노정처럼 굴곡진 그림들을 낳는다 내가 인류의 다음 체형에 대해 숙고하는 동안 비는 점점 푸른빛과 노란빛을 섞는다 나무들이 숨은 눈을 뜨는 장면은 오래전에 읽었던 동화가 현실화되는 순간이다
──「키스」 부분

    강정의 날카로운 '키스'는 '너'의 표면을 어루만지는 것이 아니라, "너의 문"을 열고 들어가 '너'의 심장을 애무하고 문 안의 굴곡진 주름들을 펼쳐놓는다. 문은 이른바 우리의 살갗이고 우리의 눈이고 우리의 말이고, 너와 나의 경계이다. 결국 '너의 문'은 '나의 문'이다. 그 문을 여는 순간, '나'는 세상과 한 덩어리가 된다. 강정이라는 발기한 우주는 '키스'로 폭발하여 축축한 허공과 만나 하나의 전체가 되기를 희망한다. 그 날카로운 키스를 나누는 '너'와 '나'는 미립자이고 전부이다. 이들이 키스하는 순간, "푸른빛과 노란빛이 섞"인 비가 내리고 나무들이 눈을 뜨는 동화가 실현된다. 이것은 결코 환상이 아니다. 이들의 '키스'가 "약물중독과 무관한" 생생한 경험인 것처럼 말이다. 이렇게 말하고 있는 시인은 마술사도 거짓말쟁이도 외계인도 아닌, 명백하게 실존하고 있는 바로 우리다.

당신과 나의 날카로운 키스

　강정은 타자와 만나는 새로운 윤리를 전파하는 하나의 물질이라고 할 수 있지 않을까. 우리는 타자를 자기 나름대로 재구성할 수도 없지만, 그렇다고 해서 타자 앞에서 미끄러지고 있을 수만도 없다는 것이 그만의 '키스'의 윤리이다. 시집 『키스』에서 강정은 표면을 맴도는 애무를 넘어 결국에는 그 표면을 찢고 들어가 당신과 뒤섞여 하나의 물질로 용해되는 방식을 고안해보고 있다. 그 모든 것이 '키스'로부터 시작된다. 그의 혀는 말하기 위해 있는 것이 아니다. 그녀의 입술을 스치기 위해 있는 것도 아니다. 오로지 그녀의 살갗을 찢고 씹고 급기야 그녀를 씹어 먹어 '나'라는 물질과 동화시키기 위해 존재한다. 그녀와의 그 지독한 '키스'가 "잘 뒤섞여 반죽된 어떤 사생아 같은 걸 낳"(「밤의 확장」)게 될지언정, 시인은 두려움 없이 그 사랑을 실천하고자 하는 '착한 짐승'이라고 자신을 일컫는다.

　강정의 『키스』를 애무에 관한, 아니 애무를 넘어서는 것에 관한 시라고 했지만, 기실 강정의 시 쓰기 역시 그의 '날카로운 키스'를 닮았다. 목적도 순서도 없는 영원한 더듬기가 애무라고 한다면, 강정의 시는 애무하는 시다. 그는 전체 구도를 염두에 두고 첫 구절을 시작하거나, 앞뒤

구절을 생각하며 단어 하나하나를 고심해서 고르는 제작자는 아니다. 제작된 애무는 어쩐지 민망하다. 그는 그저 쓰기 위해 쓰고 시작도 끝도 없이 쓴다. 그래서 자간 사이 행간 사이에 곧 폭발할 것 같은 그의 에너지가 흥건하다. 강정은 메마른 언어도 하나의 축축한 물질이 될 수 있다는 명제까지도 실험하고 있는 것이 아닐까. 그는 언어의 문을 열고 언어의 외부와 내부를 용해시키려는 시도를 하고 있는 것은 아닐까. 강정의 『키스』는 그야말로 팽창되어 폭발하기 직전의 하나의 덩어리이다. 동공을 비우고 견고한 살갗을 벗어던진 채로 행간을 넘나들 때, 강정의 『키스』는 '당신'과 함께 우연히, 완벽한 전체를 이루게 될 것이다.

여전히 견고한 살갗을 지닌 독자는 이 시집을 더듬고 또 더듬어보리라. 영원히 가닿을 수 없을 것만 같은 '착한 짐승'의 마음자리에 접근해보기 위해 그의 시에 대고 쉬지 않고 셔터를 눌러대리라. 강정이라는 물질은 너무도 생생하게 우리를 둘러싸고 있는데 말이다. 우리의 단단한 외피를 벗어던지기만 하면 되는데 말이다. 이 글 역시 아직은 흉물이 될 용기가 없는 자의 애타는 손놀림과 다름 없다. 아무튼 여기까지가 나의 강정이다. 당신들의 강정은 무엇인가.